LEAN MANAGEMENT OF
HIGH-TECH MANUFACTURING
COMPANIES

高科技制造公司精益管理

刘　华　张晓春　黄雪良　范姿伶◎著

图书在版编目（CIP）数据

高科技制造公司精益管理 / 刘华等著. — 北京：企业管理出版社，2024.5

ISBN 978-7-5164-3064-4

Ⅰ.①高… Ⅱ.①刘… Ⅲ.①高技术产业－制造工业－工业企业管理－研究－中国 Ⅳ.①F426.4

中国版本图书馆CIP数据核字（2024）第088261号

书　　名：高科技制造公司精益管理

书　　号：ISBN 978-7-5164-3064-4

作　　者：刘　华　张晓春　黄雪良　范姿伶

责任编辑：张　羿

出版发行：企业管理出版社

经　　销：新华书店

地　　址：北京市海淀区紫竹院南路17号　　**邮　　编：**100048

网　　址：http://www.emph.cn　　**电子信箱：**504881396 @qq.com

电　　话：编辑部（010）68456991　　发行部（010）68701816

印　　刷：北京亿友创新科技发展有限公司

版　　次：2024年5月第1版

印　　次：2024年5月第1次印刷

开　　本：710mm × 1000mm　1/16

印　　张：16.25

字　　数：220千字

定　　价：78.00元

前言
Preface

我国经济目前正处于转型升级期，“中国智造”“经济新常态”“大众创业、万众创新”“中国制造 2025”“供给侧结构性改革”等新概念陆续在国家层面被提出，说明了我国政府对制造公司的生产方式、生产技术和管理模式的重视，也反映了我国民众对高科技引领制造公司高质量发展的期待。但是，随着经济和科技的快速发展，以及我国制造业国际化程度的进一步提升，高科技制造公司之间的竞争越来越激烈，同时面临缩短交货期、提高产品质量、降低生产成本和提升管理水平等压力。与美国、日本和欧洲等发达国家和地区的高科技制造公司相比，我国高科技制造公司的生产方式和生产技术相对落后，质量管理水平较低，面临的生存和发展环境越来越严峻，仅仅依靠低价格在激烈的国际市场竞争中很难再获得优势。为提升我国高科技制造公司生产绩效，实现资源的最优配置，借鉴美国、日本和欧洲等发达国家和地区高科技制造公司生产模式转变、生产技术改进和管理水平提升的成功案例，推行精益生产方式，改进生产技术，实行质量管理，是我国高科技制造公司解决上述问题，促进公司转型、增强竞争力、提升生产绩效的必由之路。因此，生产方式、生产技术、质量管理和生产绩效之间的关系成为高科技制造公司关注的焦点，也是本书研究的重点。

科学、合理地度量精益生产和生产技术改进对公司生产绩效的影响，是本书重点研究的对象。那么，精益生产和生产技术改进的实施会促进生产绩效吗？如果可以，在什么条件下实施精益生产和生产技术改进有利于生产绩效，关键因素是什么？质量管理是否影响精益生产、生产技术改进和公司生产绩效的关系？基于此，本书将以精益生产和生产技术改进为切入点，具体探究质量管理的中介作用以及高科技制造公司生产绩效的影响因素。立足于现实和理论背景，本书提出如下 5 个研究问题。

（1）精益生产与高科技制造公司生产绩效之间的关系如何？

（2）生产技术改进与高科技制造公司生产绩效之间的关系如何？

（3）质量管理与高科技制造公司生产绩效之间的关系如何？

（4）质量管理在精益生产与高科技制造公司生产绩效间发挥何种作用？

（5）质量管理在生产技术改进与高科技制造公司生产绩效间发挥何种作用？

为了回答以上问题，本书基于精益生产、生产技术改进、质量管理和生产绩效的相关研究，构建了精益生产、生产技术改进、质量管理与高科技制造公司生产绩效的关系模型，揭示了精益生产、生产技术改进对高科技制造公司生产绩效的影响机理。具体而言，本书通过详细阐述与研究内容密切相关的基础理论，并对已有文献进行归纳总结，提出“精益生产、生产技术改进—质量管理—生产绩效”的逻辑思路，依据理论模型中变量间的关系论述提出相关研究假设，通过对我国高科技制造公司进行大规模调查访谈，总共回收 425 份问卷，并将具有明显错误或只填写部分内容的问卷界定为无效问卷，最终剔除 14 份无效问卷，有效问卷为 411 份，运用 SPSS 24.0 分析软件对有效问卷的调查数据进行描述性统计分析、信度分析、效度分析、探索性因子分析、典型相关分析，并建立多元线性回归分析模型和中介效应模型等对理论假设进行检验。本书提出的 7 个研究假设，均得到了调查数据支持。

结合定性分析和定量分析等多种分析方法，本书最后得出如下研究结论。

（1）精益生产对高科技制造公司生产绩效具有显著的正向影响作用。

（2）生产技术改进对高科技制造公司生产绩效具有显著的正向影响作用。

（3）质量管理对高科技制造公司生产绩效具有显著的正向影响作用。

（4）质量管理在精益生产与高科技制造公司生产绩效间具有部分中介作用。

（5）质量管理在生产技术改进与高科技制造公司生产绩效间具有部分中介作用。

综上所述，本书揭示了精益生产、生产技术改进对高科技制造公司生产绩效的影响机理，研究发现精益生产、生产技术改进不仅可以直接提升公司生产绩效，也可以通过质量管理间接提升制造公司生产绩效。

鉴于高科技制造公司目前所选择的精益生产方式和生产技术改进措施具有普遍性，本书的研究内容可以为同类制造公司生产绩效的提升提供参考，促进制造公司精益生产、生产技术改进和质量管理的应用，保障高科技制造公司发展战略的持续稳定推进和生产绩效的提升。通过本书的研究分析，可以有效地为高科技制造公司管理层提供决策支持，对制造公司持续推进精益生产、生产技术改进和质量管理，提升生产绩效具有重要意义。

目 录

Contents

第一章　绪论

高科技制造公司的发展对我国的经济、民生等方面均产生了重要的影响，已经成为推动我国经济增长的关键驱动力量。我国高科技制造公司经历了改革开放之后的快速成长阶段，逐渐缩小了与美国、日本和欧洲等发达国家和地区制造公司的差距。一直以来，较低的人力成本是我国高科技制造公司参与国际竞争的重要优势。但最近几年，人口红利正在逐步消失，这就需要我国高科技制造公司在生产模式、生产技术、管理方式等方面进行优化和完善，通过改变生产模式、改进生产技术、降低生产成本、提升质量管理水平来提升公司的竞争力和生产绩效。同时，高科技制造公司具有高智力、高收益、高风险和高融合性等特征，面临较高的研发风险和激烈的市场竞争，导致高科技制造公司运行风险较大，因此，增强高科技制造公司整体实力，提升高科技制造公司生产绩效，对推动我国经济增长具有重要意义。

本书以我国高科技制造公司为研究对象，通过实证分析方法研究高科技制造公司精益生产和生产技术改进对公司生产绩效的作用机理。首先通过文献研究的方法，识别出本书的自变量（精益生产、生产技术改进）、中介变量（质量管理）和因变量（生产绩效），为本书的理论模型与框架的建立打下基础，并对各变量之间的关系提出理论假设。其次利用问卷调查所获得的411份有效样本数据，运用信度分析、效度分析、典型相关分析、探索性因子分析和多元回归的统计分析方法对理论假设进行实证检验。研究结果表明，精益生产对高科技制造公司生产绩效有显著的正向影响作用，因此，高科技制造公司应采用精益生产模式以提升公司生产绩效；生产技术改进也对高科技制造公司生产绩效具有显著的正向影响作用，因此高科技制造公司应改进生产技术以提升公司生产绩效；质量管理在精益生产与生产绩效、生产技术改进和生产绩效的因果关系中起部分中介作用。因此，在实践中，高科技制造公司应运用精益生产模式，重视企业生产技术改进能力的培养与提升，通过提高研发投入强度为生产技术改进提供资金支持，通过引进高素质创新人才为公司生产技术改进提供人才储备，通过与其他制造公司、高校及科研院所合作，发挥协同效应。同时，高科技制造公司要重视质量管理工作的协调配合。高科技制造公司实行质量管理的关键是高层管理人员，其创新意识和经验是公司进行质量管理的保障。因此，应加强对于高层管理人员的培训，通过公司间的交流合作，分析和学习其他公司在质量管理方面的经验，结合公司自身情况选择性地吸收应用，并且注重构建良好的公司文化和氛围。此外，高科技制造公司还应注意精益生产和生产技术改进的协同发展，加强质量管理，从而促进公司生产绩效的提升。

第一节　研究背景

无论是对于发达国家还是发展中国家，制造业都是工业经济的主体，是国民经济的支柱产业和基础，制造业的发展可以大幅度促进人类文明的进步，促使国家兴盛强大。

制造业的生产方式大致经历了 5 个阶段（见表 1-1）。下面将基于制造业和制造公司两个视角来阐述本书的研究背景。

表 1-1　制造业发展的 5 个阶段

阶段	生产方式
铁器时代	为了促进自然经济发展，满足人类生活的基本需求，人们开始使用自制铁器、木棍等工具进行狩猎、采矿、织布等活动
18 世纪初	蒸汽机的发明标志着第一次工业革命的发生，制造业开始进入工业化生产阶段
19 世纪	机器生产代替人工生产，但只是初级替代，因此对工人的生产技术要求较高
20 世纪 20 年代	福特汽车首先运用自动生产线，从此制造公司开始运用大批量生产方式，与传统的生产方式相比，大批量生产方式显著提升了产品质量和产量
20 世纪 90 年代至今	“二战”后日本丰田汽车公司提出了精益生产模式

一、行业背景

制造业是我国国民经济的物质基础和产业主体，制造业发展的前景决定着我国在国际分工中的作用和地位，为了促进我国国民经济的发展，应大力提升制造公司的生产绩效和全球竞争力。改革开放以来，我国制造业取得了长足发展，根据国家统计局数据，自 2010 年以来，我国工业生产总值占 GDP 的比值均超过了 30%（见表 1-2），但是该比值有逐年下降的趋势（见图 1-1）。我国国民经济发展质量和速度的重要影响因素之一为制造业发展水平，但是，当我国经济发展进入新常态时期，“三高三低”成为我国制造业的显著特征。“三高”指的是投入较高，消耗也高，对环境的污染很严重；“三低”指的是生产出来的产品质量较低，制造公司的效益较低，生产效率较低。“三高三低”导致了一系列问题，例如需求不足、产业结构不合理、产能过剩等。我国制造业的发展主要依靠人口红利和资源的过度使用，但人口红利的消失和资源日益枯竭会影响我国制造业的高质量发展，进而阻碍我国国民经济的可持续发展。

为了改变我国制造业“三高三低”的状况，必须转变经济增长方式，向可持续发展模式转型，使我国制造公司具备投入少、消耗少、不污染环境等特征。因此，我国制造业应改变生产模式、改进生产技术和管理方式，并使变革后的生产模式、生产技术和管理方式适应制造业的发展需要，提升制造公司的生产绩效。

表 1–2　工业生产总值占 GDP 的比值（2010—2020）

年份	GDP（单位：亿元）	工业生产总值（单位：亿元）	比值（%）
2010 年	412119.30	165123.10	40.07
2011 年	487940.20	195139.10	39.99
2012 年	538580.00	208901.40	38.79
2013 年	592963.20	222333.20	37.50
2014 年	643563.10	233197.40	36.24
2015 年	688858.20	234968.90	34.11
2016 年	746395.10	245406.40	32.88
2017 年	832035.90	275119.30	33.07
2018 年	919281.10	301089.30	32.75

续表

年份	GDP （单位：亿元）	工业生产总值 （单位：亿元）	比值（%）
2019 年	986515.20	311858.70	31.61
2020 年	1015986.00	313071.10	30.81

数据来源：《中国统计年鉴》。

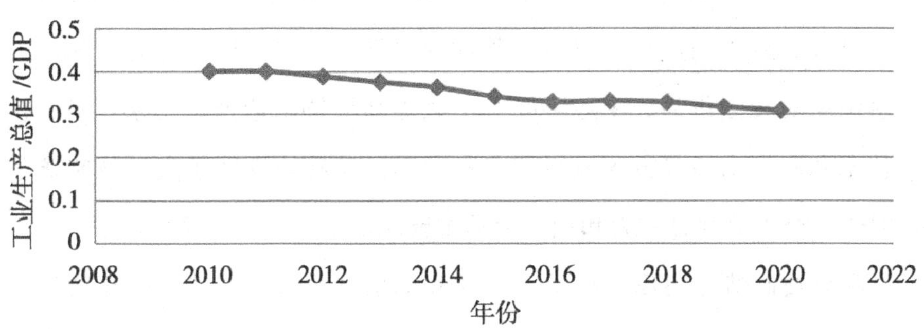

图 1-1　2010—2020 年工业生产总值占 GDP 比值趋势图

数据来源：《中国统计年鉴》。

二、公司背景

从科技部、财政部和国家税务总局的认定标准可知，高科技制造公司应具备如下两个条件：一是具备核心自主知识产权；二是在高科技且由国家重点支持的领域，进行技术创新和研发，并将成果转化为产品的制造公司。通过对高科技制造公司的定义及认定标准可以看出，新科技、新模式、新技术等创新因子在高科技制造公司中占有重要地位，制造公司所生产的产品、所专注领域的科技含量均高于普通制造公司。冯志军（2012）认为高科技制造公司具有如下特征：国家重点支持、生产技术最复杂、生产部门科技含量最高、科研经费大部分用于改进和提升生产技术，并认为高科技制造公司可以显著促进国家的现代化和工业化。

近年来，高科技制造公司发展速度越来越快，对人们的生产和生活方式产生了重要影响。高科技制造公司促使我国经济增长模式由高速度转变为高质量，增长模式实现了转型升级。目前西方发达国家都在大力发展人工智能、5G、生物医药和云计算等高端领域，在这些领域的竞争日益激烈，具体措施包括运用国家机器去制裁其他国家的高科技公司、阻止本国高科技制造产品出口到其他国家等，例如，以美国为首的西方发达国家对我国华为、中芯国际和中兴等高科技制造公司在原材料、生产技术和产品出口等方面进行了各种限制，这些均证明了高科技制造公司对于一个国家综合实力和竞争力的重要性。

高科技制造公司属于技术、人才和知识密集型公司，同时是科技创新前沿的载体，其所处的环境竞争异常激烈，高科技制造公司研发产品的生命周期相对较短，科技含量较高，其本身具有高投入、高风险、高人才密集和高收益等特征。随着市场竞争越来越激烈，市场红利期一去不复返，制造业的未来会更加规范化。当前我国高科技制造公司存在不少问题、面临着不少困难，为了促进我国高科技制造公司长远发展，提升公司生产绩效，有必要实施精益生产方式，改进生产技术水平，提升质量管理水平。

第二节　研究问题

基于上述研究背景分析，可知制造业在我国国民经济中占有重要地位，但与之形成鲜明对比的是，有关我国高科技制造公司背景的精益生产、生产技术改进和生产绩效关系的研究相对还比较少，且相关研究仍处于初级阶段。目前精益生产和生产技术改进已经成为高科技制造公司所依赖的竞争力之一，是影响制造公司生产绩效的重要因素，质量管理则是运用新的管理思想、管理模式实现更有效的资源配置，将精益生产和生产技术改进融入管理和生产过程中，提升产品和服务质量。在精益生产思想和创新驱动发展战略指导下，越来越多的制造公司意识到精益生产和生产技术改进的重要性。相关研究表明，精益生产和生产技术改进对公司生产绩效具有显著的正向影响作用，但也有少部分研究指出精益生产和生产技术改进对公司生产绩效并无直接影响。

经过对上述相关问题的细致分析，以及对相关文献进行梳理和评述，本书将基于精益生产、生产技术改进、质量管理和生产绩效等理论的研究成果，以我国高科技制造公司为研究对象，从背景变量——生产模式（精益生产）、生产技术（生产技术改进）、管理模式（质量管理）的角度探讨公司生产绩效的提升。本书围绕精益生产、生产技术改进如何直接或间接通过质量管理影响公司生产绩效这一基本问题展开研究，沿着“高科技—精益生产、生产技术改进—质量管理—生产绩效”的逻辑思路，分析这 4 个变量之间的内在作用机理，进行相关的理论分析和实证分析，具体要解决以下 3 个问题。

一、精益生产和生产绩效之间存在何种关系

目前已有文献对精益生产进行了大量研究，但较少关注和验证精益生产和生产绩效之间的相关关系和因果关系，更多的是从宏观层面去关注精益生产的运用情况。关注和验证精益生产和生产绩效之间的相关关

系、因果关系，运用线性回归模型估计精益生产对生产绩效产生的影响方向、影响大小，从而促进制造公司生产绩效的大幅度提升，是非常有必要的。为进一步提高公司生产绩效，本书建议从如下 4 个方面对精益生产模式进行研究。

（1）精益生产是否可以提升公司生产绩效。

（2）当公司面临的市场环境并非静止不变，而是动态变化时，应采取什么样的精益生产模式。

（3）在高科技制造业处于动态变化时，应时刻关注公司实施精益生产模式时存在的问题。

（4）精益生产提升公司生产绩效的有效路径。

本书将精益生产分为公司文化、员工参与和生产环境 3 个维度，并对各维度与公司生产绩效之间的关系运用回归模型进行实证检验，检验精益生产对生产绩效的影响程度和作用机理，探讨制造公司采取什么样的精益生产方式才是最有效的策略。同时针对理论分析、实证分析和案例分析的结论提出相应的对策建议，对于进一步分析精益生产理论、精益生产和生产绩效的关系以及制造公司的生产实践具有一定的参考价值。

二、生产技术改进与生产绩效之间存在何种关系

以新能源汽车为例，除了实行精益生产、控制成本以外，还应积极改进生产技术，提升公司生产绩效。2013 年特斯拉新能源汽车正式面世，大部分用户都看好电能在未来绿色能源市场中的作用以及新能源汽车的未来。新能源汽车和燃油汽车之间存在明显区别，其中最主要的区别是新能源汽车以电力作为能源，使用电池组来进行存储，而燃油汽车是以汽油作为能源。与传统燃油汽车相比，新能源汽车续航里程较短，解决

此短板的主要方法是使用高能电池，但是我国的电池制造企业与美国、日本和欧洲等发达国家和地区相比，生产技术水平较为落后，因此，我国制造公司无法生产出高端产品，只能集中于中低端。为了缩小与发达国家制造公司之间的差距，我国制造公司应升级和改造生产设备、积极改进生产技术以及投入大量研发资金。

本书将生产技术改进分为生产设计技术改进、生产现场技术改进、生产线技术改进和生产浪费识别技术改进 4 个维度，将公司生产绩效分为财务绩效、竞争绩效和客户满意 3 个维度，并对生产技术改进与公司生产绩效之间的关系运用多元线性回归模型进行检验，以验证生产技术改进对生产绩效的影响作用和机理。

三、质量管理的中介作用是怎么样的

本书将质量管理分为基础维度和核心维度，其中基础维度分为顶层设计、客户导向、员工管理、供应商管理 4 个维度，核心维度分为过程管理、信息分析和产品设计 3 个维度，并分别验证精益生产及其子维度与质量管理及其子维度之间的关系、生产技术改进及其子维度与质量管理及其子维度之间的关系、质量管理及其子维度与生产绩效及其子维度之间的关系，同时验证质量管理在精益生产、生产技术改进和生产绩效之间是否具有中介作用，以及该中介作用是属于完全中介作用还是部分中介作用。

第三节　研究目的

在当今的高科技时代，制造公司必须用精益生产思想和创新思维方式去变革，以期提升公司核心竞争优势和生产绩效。在实践中，制造公司能够通过精益生产模式和生产技术改进来提升产品质量，从而提升自己在同类制造公司中的竞争优势。本书以我国科技比较发达地区的制造公司作为研究对象，通过理论分析和实证分析相结合的方法，深入研究高科技背景下制造公司精益生产、生产技术改进、质量管理与生产绩效之间的作用机理。基于上述研究问题，本书的研究目标共有如下 4 个。

一、梳理出精益生产、生产技术改进与生产绩效之间的关系

本书从公司文化、员工参与和生产环境 3 个角度度量自变量精益生产，从生产设计技术改进、生产现场技术改进、生产线技术改进和生产浪费识别技术改进 4 个角度度量自变量生产技术改进，从财务绩效、竞争绩效和客户满意 3 个角度度量因变量生产绩效。一方面，通过分析精益生产与财务绩效的关系、精益生产与竞争绩效的关系、精益生产与客户满意的关系，梳理出精益生产与生产绩效之间的关系；另一方面，通过分析生产技术改进与财务绩效的关系、生产技术改进与竞争绩效的关系、生产技术改进与客户满意的关系，梳理出生产技术改进与生产绩效之间的关系。

二、梳理出精益生产、生产技术改进与质量管理之间的关系

本书从基础维度（顶层设计、客户导向、员工管理和供应商管理）和核心维度（过程管理、信息分析和产品设计）度量中介变量质量管理。一方面，通过分析精益生产与顶层设计的关系、精益生产与客户导向的关系、精益生产与员工管理的关系、精益生产与供应商管理的关系、精益生产与过程管理的关系、精益生产与信息分析的关系、精益生产与产品设计的关系，梳理出精益生产与质量管理之间的关系；另一方面，通过分析生产技术改进与顶层设计的关系、生产技术改进与客户导向的关系、生产技术改进与员工管理的关系、生产技术改进与供应商管理的关系、生产技术改进与过程管理的关系、生产技术改进与信息分析的关系、生产技术改进与产品设计的关系，梳理出生产技术改进与质量管理之间的关系。

三、探索以质量管理为中介变量，精益生产对生产绩效的作用机理

本书以质量管理为中介变量，分析公司文化与财务绩效的关系、公司文化与竞争绩效的关系、公司文化与客户满意的关系；员工参与与财务绩效的关系、员工参与与竞争绩效的关系、员工参与与客户满意的关系；生产环境与财务绩效的关系、生产环境与竞争绩效的关系、生产环境与客户满意的关系。通过以上的分析思路，探索出在质量管理的中介作用下，精益生产对生产绩效的作用机理。

四、探索以质量管理为中介变量，生产技术改进对生产绩效的作用机理

本书以质量管理为中介变量，分析生产设计技术改进与财务绩效的关系、生产设计技术改进与竞争绩效的关系、生产设计技术改进与客户满意的关系；生产现场技术改进与财务绩效的关系、生产现场技术改进与竞争绩效的关系、生产现场技术改进与客户满意的关系；生产线技术改进与财务绩效的关系、生产线技术改进与竞争绩效的关系、生产线技术改进与客户满意的关系；生产浪费识别技术改进与财务绩效的关系、生产浪费识别技术改进与竞争绩效的关系、生产浪费识别技术改进与客户满意的关系。通过以上的分析思路，探索出在质量管理的中介作用下，生产技术改进对生产绩效的作用机理。

第四节　研究意义

在世界一体化背景下，我国高科技制造公司面临的国际环境日益严峻，为了大幅度提升我国高科技制造公司的生产绩效和核心竞争力，政府和企业高层领导应重视制造公司的高质量发展。长期以来精益生产、生产技术改进对公司生产绩效的研究均为热点，被理论界和业界所关注，但是，我国高科技制造公司的生产模式、生产技术水平和管理能力参差不齐，尤其是运用精益生产、生产技术改进和质量管理对制造公司生产绩效的影响作用并没有明确的界定，同时也缺乏理论层面的解释和实践层面的对策建议，因此，有必要厘清精益生产、生产技术改进、质量管

理与生产绩效之间的作用机制。本书以高科技背景下制造公司精益生产、生产技术改进与生产绩效的关系为切入点，通过梳理经典理论、相关文献探寻解决问题的基本思路，构建高科技背景下精益生产、生产技术改进、质量管理与生产绩效间关系的理论模型，在此基础上提出 4 个变量之间的理论假设，并采用多元线性回归分析的方法进行验证，探讨高科技背景下精益生产和生产技术改进对制造公司生产绩效的影响作用和有效路径，具有重要的理论意义和现实意义。

一、理论意义

本书的理论框架分为 3 个部分。

（1）从生产模式的视角出发，剖析高科技背景下制造公司精益生产与生产绩效之间的关系。

（2）从生产技术的视角出发，揭示高科技背景下制造公司生产技术改进与生产绩效之间的关系。

（3）从管理方式的视角出发，揭示高科技背景下制造公司精益生产、生产技术改进、质量管理与生产绩效之间的关系。

从理论意义上来说，本书拓展了高科技背景下制造公司精益生产、生产技术改进对生产绩效的作用机制，为提升制造公司生产绩效提供理论依据和参考。具体体现在以下几个方面。

（1）目前精益生产模式在我国制造公司应用日益广泛，同时学术界针对精益生产模式对生产绩效的影响也进行了深入的研究，包括精益生产对制造公司质量管理和生产绩效的影响，以及精益生产和生产技术改进的协同作用等，但是国内外学者大多集中于单一层面的研究。本书在理论分析和案例研究的基础上，开发了高科技背景下制造公司精益生产、生产技术改进、质量管理与生产绩效的测量量表，构建了高科技背景下制造公司精益生产、生产技术改进、质量管理与生产绩效之间关系的理论模型并验证了相关研究假设。

（2）有助于完善高科技背景下制造公司精益生产、生产技术改进、质量管理和生产绩效的理论研究。现有文献主要研究精益生产、生产技术改进对公司生产绩效的直接影响作用，而较少研究精益生产、生产技术改进对公司生产绩效的间接影响作用。同时国内外学者对精益生产、生产技术改进、质量管理的研究更多地集中于案例研究层面和思想理论层面，较少基于制造业，运用调查数据研究精益生产、生产技术改进对生产绩效的影响。在对国内外相关文献进行比较分析的过程中，本书对现有的精益生产、技术创新和质量管理理论进行归纳和总结，在此基础上探讨了高科技背景下制造公司精益生产、生产技术改进对生产绩效的作用机理和传导机制，完善了相关的理论研究。

（3）运用我国高科技制造公司的调查数据研究精益生产、生产技术改进对公司生产绩效的影响，并在此基础上对质量管理分别在精益生产、生产技术改进与公司生产绩效之间的中介作用进行研究，将4个变量结合起来探讨精益生产、生产技术改进通过质量管理对公司生产绩效的影响。研究发现，在精益生产和生产技术改进的共同作用下，质量管理成为增加制造公司生产绩效的一座桥梁。国内外学术界在这方面的研究较少，本书为今后学者进一步研究精益生产、生产技术改进、质量管理与公司生产绩效之间的关系提供了实证证据。

（4）本书在理论方面研究了精益生产、生产技术改进、质量管理与生产绩效之间的关系，拓展了现有学者关于4个变量关系的研究范围。本书通过对过往文献的梳理，厘清了精益生产、生产技术改进、质量管理与生产绩效关系的理论机制，构建了精益生产、生产技术改进、质量管理与生产绩效间的关系模型，结合理论分析和理论模型提出研究假设，并通过问卷调查、实证分析和案例分析验证相关研究假设，以揭示精益生产、生产技术改进对制造公司生产绩效的影响机理和分析质量管理的中介作用。

二、实践意义

本书结论能够指导我国高科技制造公司定向地培养相关能力、获取必要资源、识别特定情境，从而采取必要的精益生产模式、生产技术改进和质量管理方式，促使制造公司在高科技背景下取得领先竞争优势并提升生产绩效，从而解决制造公司平稳运营和可持续发展的现实问题，对于制造公司的创业者以及相关公司或公司管理人员均有重要的实践指导意义，主要体现在以下 4 个方面。

（1）本书研究了通过实施精益生产提升公司质量管理并提高公司生产绩效的机制和路径，为制造公司找到了一条提高生产绩效的路径，有助于制造公司提升核心竞争力和生产绩效。

（2）通过本书的研究，能够促使制造公司重视生产技术改进，以生产技术改进作为公司发展的核心驱动力，推进公司生产技术改进的开展和实施，从而提升质量管理，提高生产绩效，实现可持续发展，使公司在激烈的竞争中脱颖而出。

（3）科技的发展过程、公司的精益生产和生产技术改进必然伴随着诸多问题与挑战，本书可以为应对高科技背景下各类精益生产和生产技术改进问题提供科学的测度参考，同时为制造行业相关管理部门、政府部门和制造公司管理层制定相应政策提供参考依据。

（4）基于制造公司视角，精益生产和生产技术改进作为制造公司减少浪费、节约成本以及提高生产率和充分利用各种资源的有效方法，与公司生产绩效有着非常密切的联系，同时生产绩效的提高对制造公司今后的发展也起到至关重要的作用。通过本书的研究，有助于制造公司更加深刻具体地认识精益生产、生产技术改进和质量管理对公司生产绩效的提升作用，能够更加坚定制造公司实施精益生产、生产技术改进和质量管理的信心。

第五节　关键概念界定

本书具体研究的是高科技制造公司精益生产、生产技术改进对公司生产绩效的影响及其在发展过程中存在的问题和动因，从而帮助我国高科技制造公司更好地发展，实现制造公司生产绩效的提升。主要涉及的概念有：高科技制造公司、精益生产、生产技术改进、质量管理和生产绩效。

一、高科技制造公司

高科技制造公司最显著的特征就是创造和创新，新生产技术、新生产模式、新管理方式等创新因子在高科技制造公司中具有关键作用，公司生产模式、生产技术、管理方式等方面的科技含量均比较高。与传统制造公司相比，高科技制造公司具有如下 4 个特征。

1. 投入高

高科技制造公司高质量发展的前提是不断地创新，生产的产品多是高端产品，具有较高的科技含量，但在生产技术改进成功之前，公司需要投入大量的资金、人力和物力，特别是部分高精尖产品的研发，需要持续的资金投入。在研发初期，因为缺乏经验，对生产模式、生产技术和管理方式缺乏专业认识，需要研发人员不断地进行实验、探索，因此在公司建立之初需要投入更多的资金和人力。

2. 高学历人才占比高

高科技制造公司最重要的资源就是高学历科研人才。在高科技制造公司中，科研人员是核心，也是技术生产力，是引领高科技制造公司快速发展的中坚力量。科研人员在公司员工中的占比一般超过 60%，且都为本科及以上学历。人力资源是高科技制造公司的核心储备，特别是掌握领先生产技术、高水平的行业紧缺人才，他们能够引领高科技制造公司生产技术改进实现质的突破，已成为影响高科技制造公司发展的决定性因素。因此，国际上各个高科技制造公司都在争抢高端科技人才，而度量一个高科技制造公司是否有发展前景的因素之一就是能否吸引并留住人才。

3. 面临的风险较高

与传统制造公司相比，高科技制造公司面临的风险更大，除了政策风险、市场风险、法律风险、融资风险等，生产技术改进的风险对高科技制造公司的影响尤其严重。高科技制造公司面临的竞争更加激烈，在与竞争对手进行市场竞争时，超越竞争对手的关键因素就是生产技术改进的速度。生产技术改进和研发具有较大风险的原因如下。

（1）市场是未知的且动态变化的。

（2）生产技术改进是一个长期的过程。

（3）影响生产技术改进是否成功的因素多且复杂，例如研发经费是否及时、科技人才是否充足等。

如果出现任何一个问题，都将导致制造公司生产技术改进和研发失败，前期投入的资金、人力和时间均化为泡影，严重影响公司的稳健运行。生产技术改进和研发的科技含量越大，难度越大，面临的风险也越大。

4. 发展迅速

高科技制造公司发展的主要驱动力是生产技术，因此生产技术改进对于高科技制造公司异常重要，公司要想在业界获得话语权，在激烈的市场竞争中获得有利地位，必须改进生产技术，不断地生产出差异化、高质量、引领市场的产品。

二、精益生产

“二战”结束初期，日本作为战败国，经济萧条、劳动力缺乏、资金短缺，无法采用美国汽车公司的大批量生产模式。丰田汽车公司创始人丰田喜一郎借鉴了欧洲国家汽车公司的生产模式，并结合日本的社会文化和国情，形成了一种全新的丰田生产模式。丰田生产模式具有巨大的先进性和优越性，因此在日本汽车制造公司中迅速得到普及。丰田生产方式的普及应用促进了日本汽车产业的快速发展，在 1980 年日本的汽车产量已经超过了美国，达到 1100 万辆，成为世界第一大汽车制造国。

精益生产是在丰田生产方式的基础上发展起来的。Womack（1990）归纳总结了精益生产模式，将精益生产的思想理念推向了世界，为世人所知。此后，Womack 又和 Jones（1997）归纳总结了已有的研究成果，并根据自己的实践经验，界定了精益生产的内涵和基本准则。

（1）产品的价值要准确度量。

（2）产品的价值可以准确地辨别。

（3）产品价值并非静止不变，而是动态变化的。

（4）采用拉动式的生产方式创造价值。

（5）将十全十美作为生产目标。

以上归纳总结的5个准则体现出了精益生产的本质和要点。目前各种领域的制造公司都在广泛运用精益生产模式，例如飞机、芯片和手机等，并非仅仅局限于汽车制造公司。据统计，世界500强公司大部分都已经或正在导入精益生产模式，我国自20世纪80年代后期由中国一汽率先引入精益生产模式，凭借其先进性和科学性迅速在全国范围内被广泛推广和应用，为制造公司提升质量管理能力和生产绩效注入了活力。

精益生产被世界范围内的制造公司赞誉为最佳的生产模式，但学术界对于精益生产的概念还没有形成完全统一的标准。通过对精益生产相关文献的整理分析，本书将从精益生产的目标、基础和特点几个方面阐述精益生产的内涵。

1. 制造公司实行精益生产的主要目标

（1）精益生产不仅是一种生产模式，也是一种管理理念和模式，精益生产应在最大限度上满足客户的需求。

（2）精益生产应在最大限度上减少浪费，降低制造公司的各种成本。

（3）精益生产应在最大限度上提升公司的生产效率。

（4）精益生产应在最大限度上提升公司的产品质量。

（5）精益生产应以人为核心，包括公司员工、客户和供应商等，突出人的重要性。

（6）精益生产应去除复杂的程序，简化生产和管理等方面的流程，以十全十美为最终目标。

2. 精益生产的基础

准时化和自动化是精益生产的基础。

3. 精益生产的特点

（1）消除浪费。丰田汽车公司将过去几十年获得的生产经验和管理经验凝结成精益生产思想，精益生产模式要求安全有序、团结的生产环境，准备时间和生产周期尽量缩短，尽量消除一切浪费。精益生产同时也是一种理念和文化。

（2）追求精益求精和不断改善。精益生产以简化一切非必要的工作内容为出发点，麻省理工学院的研究小组指出，与未采取精益生产模式的制造公司相比，采取精益生产的制造公司可以节省一半的人力、资金、生产场地，提升质量管理水平，从而在生产制造过程中减少浪费，努力实现制造生产的柔性化和零浪费，从而提升公司生产绩效。

三、生产技术改进

制造公司在激烈的市场竞争中是通过生产技术改进来获取利润进而提升公司生产绩效的。为了提升公司生产绩效，早期的制造公司主要是通过规模生产来获取低生产成本的产品，并不注重生产技术改进。因为各制造公司无论是产品的性能还是质量都差别不大，而且生产规模越大边际成本越低，最终很难提高生产绩效，尤其是随着客户需求的提升、对产品质量和体验的重视，制造公司单一地向客户提供低价格、质量不高、差异化不大的产品已经无法维持其竞争力，因此，制造公司需要通过生产技术改进提高产品质量、生产具有差异化的产品来获取市场，进而提高公司生产绩效。20 世纪 80 年代，美国本土制造公司面临着巨大的挑战和机遇，为增强制造公司的竞争力和促进国民经济的发展，美国制造公司对生产技术进行了一系列的变革和改进来提升汽车、电子等产品的质量和可靠性，同时降低成本，在提高产品国际竞争力的同时，也促进了美国经济的发展。

一般认为，生产技术改进是制造公司持续吸收机械、电子、信息、材料、能源和现代管理等方面的成果，并将其综合应用于制造的全过程，实现优质、高效、低耗、清洁、灵活生产，取得良好的技术效果和经济效果的生产技术的总称。本书在对上述概念进一步分析和总结的基础上，从其一般特性如实时控制、柔性、信息处理、计算机应用等方面对生产技术改进进行了描述，并把它分为生产设计技术改进、生产现场技术改进、生产线技术改进和生产浪费识别技术改进等 4 个维度。

四、质量管理

质量管理虽然起源于美国，但实际上是在日本开始广泛推广应用的。美国质量管理学家 Deming 对日本制造公司质量管理的提升起了巨大的影响作用，极大地提升了当时日本制造公司的综合实力和国际竞争力。而质量管理被引入我国后，对于该领域的相关研究一直持续到现在。

Saraph 等（1989）对已有的质量管理的概念和内涵进行了归纳总结，并在此基础上进行了创新，将质量管理界定为：制造公司为了提升生产效率和产品质量、降低生产成本，对制造公司的管理理念和管理思路进行优化，并将质量管理分为公司管理层的管理观念、公司建立的质量管理部门在公司运营中承担的角色、质量管理部门的培训、供应商管理、公司员工管理、生产过程管理、产品信息和数据、产品设计等 8 个维度。Saraph 对质量管理进行的全新界定，得到了大部分学者的认可，但是还有些学者对质量管理深层次的内涵及界定持不同意见。Dean 和 Bowen（1994）将质量管理分为技术、原则和实践，并指出技术过于具体，而原则过于抽象，只有位于二者之间的实践可以准确地反映质量管理的本质，因此，他们建议，制造公司应重点关注质量管理实践及提升生产绩效的机制和路径；Anderson 等（1995）针对 Deming 界定的质量管理内涵，运用实证分析方法，将 Deming 的“14 条原则”提炼为 7 个原则：持续优化、客户满意、生产过程管理、员工管理、持续学习、公司内部和外部结合、高层管理人员具有远见；Ahire（1996）运用实证分析和案例分析方法，将质量管理分为 12 个要素，包括产品、生产信息、公司管理者、客户、供应商和员工等；Samson 和 Terziovski（1999）运用实证分析方法，将质量管理分为生产过程、数据分析、公司管理层、客户满意、员工管理和生产计划等 6 个要素。

不同的研究目的，使得国内外学者对质量管理的构成要素的提炼与划分具有一定差异。本书结合质量管理相关文献中各种子维度出现的次数以及我国高科技制造公司的实际情况，将质量管理的构成要素确定为 7 类，分别是顶层设计、客户导向、员工管理、供应商管理等基础维度和过程管理、信息分析、产品设计等核心维度。

五、生产绩效

“绩效”一词来源于英文单词“perform”，按照不同主体，可以将绩效分为个人绩效与公司绩效。公司生产绩效归属于公司绩效范畴，在学术界，对于公司生产绩效的准确定义与评价还没有一个统一的标准，较为主流的定义是：公司生产绩效是指公司在固定的经营时间内经营业绩和效益的总和。其中，经营业绩是指经营公司期间公司管理人员在公司运行、发展和成长过程中所做出的贡献和所取得的成绩；公司经营效益水平主要反映在公司的偿债能力、盈利能力、运营水平和未来发展期望等方面。基于这一视角，生产绩效既是公司的经营行为也是公司经营的结果，用以衡量公司达成目标的能力。近几年，随着 EVA（Economic Value Added，即经济增加值）、平衡计分卡等绩效评价方法的出现，公司生产绩效的内涵越来越丰富。

第六节　研究方法

本书采用文献研究方法、问卷调查法、实证分析法和案例分析法等 4 种方法来探讨高科技背景下制造公司精益生产、生产技术改进对公司生产绩效的影响机理。第一，本书首先对已有的相关文献和理论进行归纳总结，在此基础上构建研究框架；第二，本书所涉及的 4 个主要变量——精益生产、生产技术改进、质量管理和生产绩效均属于“不可观测”变量，在制造公司运营中并无对应的客观数据支持，需要进行变量描述并转化为问卷题项进行数据的收集，因此本书运用问卷调查法对精益生产、生产技术改进、质量管理与生产绩效 4 个变量的调查数据进行了收集；第三，运用回归模型实证检验理论假设；第四，运用案例分析法验证本书研究结论的真实性和实用性。本书通过文献研究、调查问卷、实证分析和案例分析等方法，为研究内容的科学性与严谨性提供了多重保证。

一、文献研究法

文献研究法主要是指研读相关研究领域的文献成果，通过对研究内容相关信息的收集分析，了解该领域的最新研究成果，从而全面地掌握所要研究问题的一种方法。在本书研究过程中，通过查阅相关纸质或电子资料，对精益生产、生产技术改进、质量管理与公司生产绩效等多个方面的问题进行相应理论证据的收集，明确相关理论的主要研究内容以及未来可能的研究方向，并对所收集的资料进行梳理，同时就各个学者所提出的不同观点进行分析研究，进而对当前我国高科技制造公司精益生产、生产技术改进、质量管理对公司生产绩效的影响机制等方面的研究方向、研究内容和研究进度等进行深入探讨。重点研究问题包括：精益生产、生产技术改进和质量管理的作用机理？质量管理在精益生产、生产技术改进与公司生产绩效之间是否起到中介作用？精益生产、生产技术改进与公司生产绩效的作用机理是怎么样的？

我国高科技制造公司精益生产、生产技术改进对公司生产绩效影响的理论模型，为本书研究打下了扎实的理论基础。资料的获取途径主要包括网络和图书馆，其中网络资料主要来自中国知网、百度学术和谷歌学术等网络资料库。

二、问卷调查法

问卷调查是本书的重要研究方法之一，在阅读变量相关文献的基础之上收集整理变量的测量问卷，并结合本书实际内容进行微调以设置符合本书的调查问卷，随后针对本书研究对象进行问卷发放与回收，最后对回收的数据进行整理。

首先，基于本书所能获得的相关渠道、资料和信息，将调查对象选定为我国科技较发达地区的制造公司，了解这些制造公司在全球化机遇与逆全球化挑战过程中的基本情况。

其次，本书主要采用目前已有文献中使用过的量表，再根据内容做了一些调整。问卷的测量采用的是 Likert5 级量表，它由美国社会心理学家 Likert 在 1932 年首次使用。在设计问卷过程中，极大地参考了前人所用的内容，尤其是借鉴已有的相关文献，并与来自制造公司的管理人员和基层员工进行了充分交流，听取了他们宝贵的意见。

最后，问卷的发放和回收主要通过网络，先将网址发给相关的高科技制造公司，被调查者在网上填写，结果直接保存在服务器中；部分问卷由制造公司管理人员和基层员工现场填写。

三、实证分析法

实证分析法是在问卷调查所获取的数据资料基础之上，首先通过数据的信度分析确认调查数据的平稳性和一致性，然后通过数据的效度分析确认调查数据所要得到的结论，再运用典型相关分析研究变量之间的相关关系，运用多元线性回归分析检验之前的概念模型及理论假设是否成立。

本书通过对相关文献的梳理构建出理论研究框架，并通过对我国科技比较发达地区的制造公司大规模发放问卷进行数据收集。根据调查结果分析其中存在的内在联系，以及制造公司精益生产和生产技术改进对生产绩效的影响机制，运用 SPSS 24.0 对调查数据进行描述性统计分析、信度检验、效度检验、典型相关分析和线性回归分析，通过统计分析和假设检验，以检验研究假设是否成立，并对实证结果进行分析，最终得出本书的研究结论。

实证分析法的优点是通过对理论模型进行研究假设检验，确保研究结论的真实性和可信性。

四、案例研究法

案例研究法是实地调查的方法之一，研究者选取一个或若干现象作为目标，系统地收集信息与材料，展开广泛的调研，以探索某一现象在各种具体条件下的情况。案例研究法可以在现象的具体条件界限不清楚又不易于识别，或是研究者没有提供正确、系统、直接的研究方法的场合使用，以解决“结果如何”“出现这种情况的原因”“改变这种情况的有效路径是什么”的关系问题。案例分析法需要研究人员收集与研究主题相关的材料，并对这些材料进行归纳总结，因此案例分析法具有不同于其他方法的特定逻辑。

案例研究法获取资料的途径有两种：已有文献和实地观察。案例研究法对于资料的收集和归纳总结主要基于研究目标的理论分析，并不操控研究对象，只是检视研究对象，因此能够保持研究对象的完整性，并发现有意义的特征。与其他研究方法相比，案例研究法对动态事物和社会环境的认识和描述更加全面、真实、系统。

本书选用我国高科技制造公司中芯国际和作者所在的江西省高科技制造企业江西佳时特数控股份有限公司（以下简称江西佳时特公司）进行研究，对精益生产、生产方式改进、质量管理与生产绩效的关系进行验证，并将中芯国际与芯片行业的龙头企业台积电进行了比较分析，对江西佳时特公司进行了参照分析。

第七节　本书主体安排

本书从高科技制造公司实施精益生产和生产技术改进的角度出发，

致力于研究精益生产、生产技术改进对公司生产绩效的作用机制，并对质量管理在精益生产、生产技术改进与公司生产绩效之间的作用进行研究分析。首先，根据国内外对精益生产、生产技术改进、质量管理和公司生产绩效的现有研究，厘清变量之间内在的逻辑关系；其次，借鉴国内外对 4 个变量的度量指标分析，选择具体的度量指标，结合我国高科技制造公司调查数据确定合适的控制变量，运用多元回归分析方法进行定量分析；最后，构建模型并对其进行实证检验和分析，探索精益生产、生产技术改进、质量管理与公司生产绩效的关系，从而提出合理的建议以帮助我国高科技制造公司提高公司生产绩效。本书的主体结构如图 1–2 所示，共分为以下 7 个部分。

第一部分为绪论。主要介绍了选题背景和研究问题、研究目的、研究意义及研究方法，并对关键概念高科技制造公司、精益生产、生产技术改进、质量管理和生产绩效进行了界定，最后对本书的研究进行整体框架规划。

第二部分为理论基础与文献综述。首先介绍了本书涉及的理论基础，主要有精益生产理论、质量管理理论和创新理论；其次介绍并归纳了精益生产、生产技术改进、质量管理及生产绩效等相关研究。

第三部分为研究假设与研究设计。首先探讨了精益生产、生产技术改进、质量管理与生产绩效之间的关系，并对四者之间的关系进行了假设；其次设计了精益生产、生产技术改进、质量管理和生产绩效 4 个变量的调查量表；最后阐述了本书研究中问卷数据的收集状况以及相应的分析方法，为本书实证研究的展开奠定基础。

第四部分为实证分析。首先对被调查制造公司的基本特征进行描述性统计分析；其次对调查数据的信度和效度进行分析；再次对高科技制造公司精益生产、生产技术改进、质量管理与生产绩效之间的相关关系，以及 4 个变量之间的因果关系进行实证分析；最后对实证结果展开研讨与分析。

第五部分为案例分析。为进一步明确高科技制造公司精益生产、生产技术改进、质量管理与生产绩效四者之间的关系，本书研究选用我国高科技制造公司中芯国际和江西省高科技制造企业江西佳时特公司，从精益生产、生产技术改进、质量管理和生产绩效 4 个方面对其现状进行阐述，最后将中芯国际与台积电进行了对比分析，对江西佳时特公司进行了参照分析。

第六部分为结论与建议。对全书的研究论证过程进行概括总结，报告了主要研究结论与启示，并在此基础上给出高科技制造公司通过精益生产、生产技术改进提升质量管理，进而提升公司生产绩效的对策建议。

第七部分为不足与展望。指出本书研究的不足之处，为后续进行更深入细致的研究提出了方向与建议。

【本章小结】

本章是全书的逻辑起点，主要介绍了本书研究的背景、问题、目标和意义，并对本书研究方法进行概括总结。此外，还就本书的实用性定义进行了相应的阐述。

第一，从现实背景和理论背景两个视角出发分析研究的背景，得出结论：在高科技时代通过精益生产和生产技术改进提升制造公司生产绩效已是一条必由之路。

第二，分析当前高科技背景下制造公司精益生产和生产技术改进对生产绩效影响需研究的问题，并给出了研究的目标与意义。

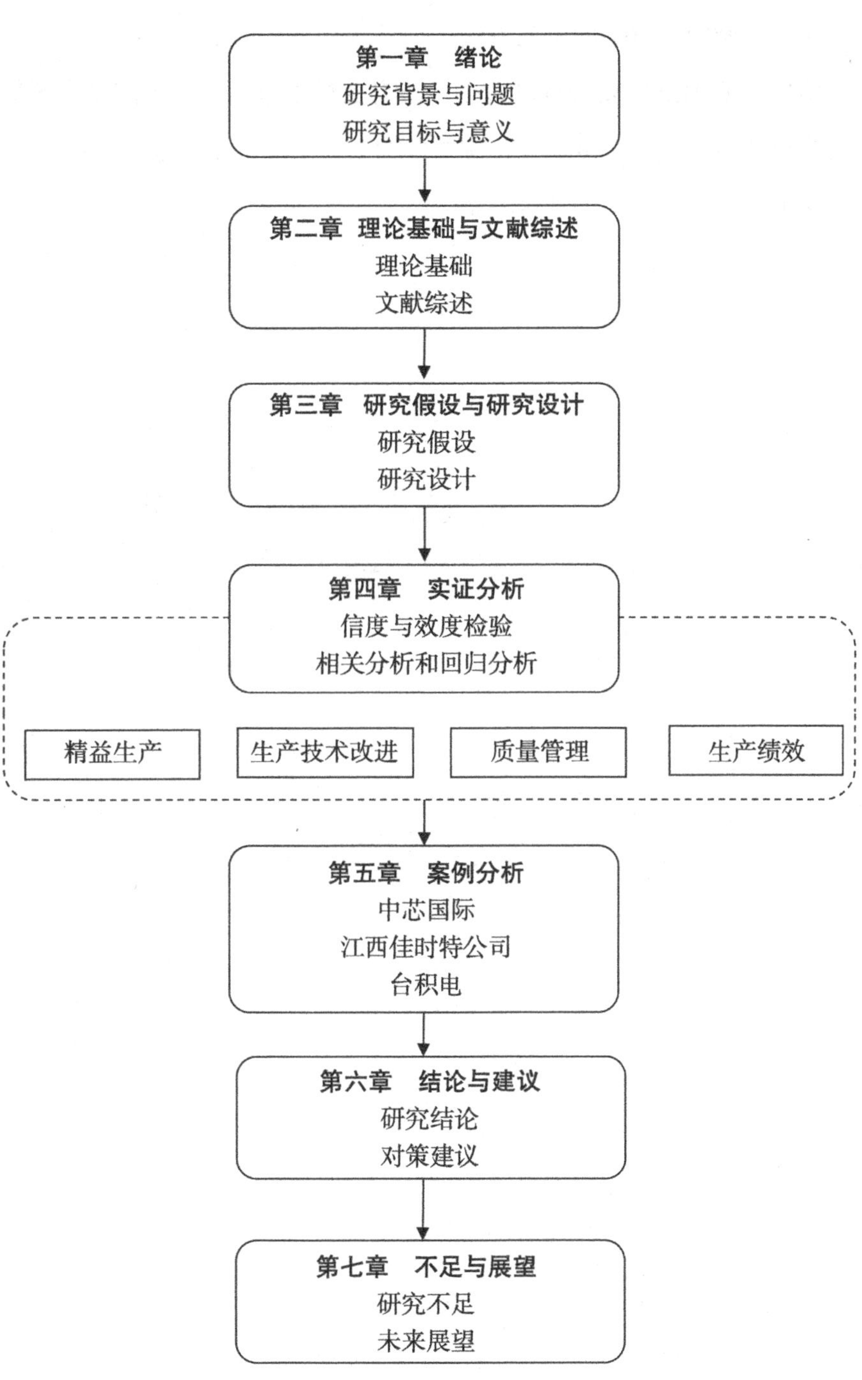
第一章 绪论
研究背景与问题
研究目标与意义
第二章 理论基础与文献综述
理论基础
文献综述
第三章 研究假设与研究设计
研究假设
研究设计
第四章 实证分析
信度与效度检验
相关分析和回归分析
精益生产
生产技术改进
质量管理
生产绩效
第五章 案例分析
中芯国际
江西佳时特公司
台积电
第六章 结论与建议
研究结论
对策建议
第七章 不足与展望
研究不足
未来展望

图 1-2 本书的主体结构

第三，阐明了本书的研究方法。

第四，明确给出高科技制造公司与自变量精益生产、生产技术改进，中介变量质量管理，因变量生产绩效等四个变量的实用性定义。

第五，构建了本书的结构框架。

第二章　理论基础与文献综述

在明晰本书的研究背景和意义、研究问题以及研究框架的基础上，本章主要介绍管理学相关理论和相关的研究文献。首先，对精益生产理论、质量管理理论和创新理论进行系统阐述；其次，对本书研究内容涉及的关键概念，如精益生产、生产技术改进、质量管理以及生产绩效等的相关文献进行系统梳理。

第一节　理论基础

在对精益生产、生产技术改进、质量管理及公司生产绩效等现有相关文献资料进行汇总整理的基础上，列出本书研究涉及的理论基础，主要有精益生产理论、质量管理理论和创新理论。

一、精益生产理论

人类社会进入20世纪后，与以前相比生活需求呈现多样化特征，对产品质量、性能的重视程度日益提升。众所周知，20世纪70年代在世界范围内发生了严重的石油危机，此次危机给人们的深刻教训是大批量生产、高投入的生产方式已经过时。由于生产成本越来越高，继续采用大批量和高投入的生产模式已经很难提升公司生产绩效，不利于经济的健康发展。在此关键时刻，日本丰田汽车公司发明了准时生产方式，利用这一方式生产的产品具有多样化和差异化等特点，同时降低了生产单件产品的成本。在准时生产方式的基础上，麻省理工学院教授Womack于20世纪90年代提出精益生产模式，并对精益生产的概念和内涵进行了界定。日本丰田汽车公司由于运用精益生产模式，大大提升了公司生产绩效，说明了精益生产模式的先进性和科学性。无论是学术界还是制造业都公认一个结论：精益生产模式是最适合于现代高科技制造公司的生产、组织和管理模式。与其他生产模式相比，精益生产模式具有众多优势，目前世界各国很多制造公司都应用了精益生产模式，并显著提升了公司生产绩效，按照这种趋势发展下去，精益生产模式将成为未来高科技制造公司运用的标准生产模式。

虽然精益生产的生产、组织和管理理念已被世界各国的制造公司所认可，但是制造公司具体实施精益生产模式是一件复杂的工作。Korin和Bayou（2008）对精益生产的概念和内涵进行了界定，并认为制造公司实行精益生产将会降低公司的资金投入，同时提升了公司生产绩效。Ramesh和Kodali（2012）认为，制造公司实施精益生产模式将提升公司的生产效率，降低生产成本。Keyser和Sawhney（2013）指出，制造公司实施精益生产模式提升了公司生产系统的可靠程度，并构建了一个精益生产模型，并给予了相应的评价。Gorener 和 Baser（2016）以电热水器生产线为研究对象，研究精益生产对制造公司的改善作用，研究发现精益生产模式具有先进性和科学性，可以减少生产浪费。在国外学者研究成果的基础上，国内学者也对精益生产的概念、内涵和作用进行了深入研究，研究发现精益生产对制造公司的生产、组织和管理等方面均产生了重要的影响作用。孙绍亭（2003）以石横特钢厂为研究对象，研究精益生产对公司生产绩效的影响作用，研究发现制造公司实行精益生产可以显著提升设备利用率，进而提升公司生产绩效。李祺等（2004）以我国制造公司为研究对象，研究精益生产对公司竞争力的影响作用，研究发现精益生产可以提升产品质量、提升生产效率、降低生产成本，进而提升公司自身的竞争力。黄斌（2004）归纳总结了国内汽车制造公司的现状，并指出了汽车制造公司实行精益生产存在的问题，在此基础上，提出了公司实行精益生产应遵守的原则。李润茹（2005）归纳总结了精益生产的发展历程，在此基础上，指出制造公司提升生产绩效的主要手段是实行精益生产。蒋美仙等（2005）以我国制造公司为研究对象，探寻精益生产产生的原因及根源，并基于思想、战略、供应、生产和销售等 5 个方面，提出精益生产在我国制造公司中的应用。郭玉明（2016）以一家生产光伏电池及组件的制造公司为研究对象，指出我国制造公司无论是在生产还是管理方面都与世界先进制造公司存在显著的差距，认为精益生产可以降低生产浪费、提升产品数量和质量，同时精益生产是一个持续坚持和逐渐改善的过程。龙昀光等（2018）构建了包含精益生产、制造公司内外部生产环境管理、生产绩效三者之间的关系模型，研究发现制造公司实行精益生产可有效提升公司生产绩效，其中内部生产环境管理起正向调节效应，而外部生产环境对生产绩效的部分子维度影响并不显著。王黎等（2018）研究发现，我国国内部分制造公司实施精益生产模式的效果并不显著，其原因主要是精益生产实施不足或者精益生产实施过度，建议构建科学合理的精益生产实施效果评价体系。李佳盈等（2020）以精冲行业为研究对象，研究发现，精冲车间实施精益生产模式有效地提升了生产管理效率。朱永兵（2020）以 T 公司的传感器产品 TSQ3.7 为研究对象，研究制造公司实施精益生产模式存在的问题，指出精益生产模式无论是对制造公司内部还是外部均起到了显著的影响作用，对内有助于制造公司降低生产成本、提升生产效率、提升竞争力、改善产品质量，对外有助于公司了解客户需求。何盼盼（2020）基于资源保存理论和压力交互理论，发现制造公司实施精益生产模式改善了员工的工作态度。付迪等（2021）以煤炭公司为例，发现煤炭公司实施精益生产模式可以显著提升公司的市场竞争力。张明超等（2021）、张振刚等（2022）运用案例分析法，发现精益生产模式与大数据技术相结合，有效地促进了精益生产模式的实施效果。刘天森等（2022）研究发现，制造公司实施精益生产模式可以显著提升碳资产收益。

二、质量管理理论

质量管理包括提升产品质量、规划产品质量和界定产品质量的目标等一系列管理活动。从 20 世纪初质量管理开始受到重视，它受到不同类型因素的影响，例如科技文化、经济和政治等，并与这些因素共同发展、共同进步，同时也对这些因素产生了重要的影响。质量管理理论的研究导向主要有两种：一种是以行为为导向。该类型的质量管理理论注重人的因素，认为质量管理理论的核心是公司的员工，公司为了提升管理水平，应激励员工以主人翁的身份参与公司的生产和管理。另一种是以技术为导向。该类型的质量管理理论注重客观事实，认为公司应重视统计思维，利用统计方法解决公司面临的生产和管理问题，提出相应的解决方案。与传统制造公司相比，高科技制造公司面临的生产环境、市场环境更加复杂，单独运用以行为为导向的质量管理或者以技术为导向的质量管理都与公司的生产管理不相匹配，因此应将行为和技术结合应用，这也是未来高科技制造公司质量管理发展的趋势，本书后面度量质量管理变量时也以此为理论依据。到目前为止，质量管理的发展主要分为 3 个阶段：质量检验阶段、统计质量管理阶段和全面质量管理阶段，具体如表 2–1 所示。

表 2–1 质量管理发展历程

时间	阶段	观点	代表性人物	成效
1920—1930 年	质量检验阶段	公司不同部门执行不同的职能；制定计划的部门和执行计划的部门必须分开；为提升产品质量应成立单独的检验产品质量部门；公司管理层应将产品的检验结果作为保证产品质量的重要手段	Taylor	此阶段的质量检验在事前缺乏主动性，因此只能在事后被动检验。质量管理阶段的局限性是对公司生产残次品缺少有效的控制手段
1940—1950 年	统计质量管理阶段	统计质量管理阶段的突出特点是将统计学引入公司的质量管理，运用控制图，采用事前控制和事先预防的方法降低公司的不合格品率。在第二次世界大战期间，美国首次将统计质量管理方法运用到兵工厂，将统计思想和统计方法运用到兵工厂的生产和管理上	Shewhart	统计质量管理将制造公司从事后检验为主转变为事前控制为主和事后检验为辅相结合的质量管理方式

续表

时间	阶段	观点	代表性人物	成效
1960 年至今	全面质量管理阶段	科学技术的进步解放了生产力，在此种情形下，人们对产品的质量和性能提出了更高的要求。为了提升产品的质量和性能，国内外众多专家学者建议制造公司实行全面质量管理。与已有的质量管理相比，全面质量管理理论更加注重人的作用，既包括员工也包括用户，员工努力工作提升产品质量，还要保护用户使用产品的合法权益。全面质量管理就是全面质量、全过程和全体人员参与的管理	Feigenbaum	我国与美国、日本和欧洲等发达国家和地区的高科技制造公司都普遍认可和接受全面质量管理理念。全面质量管理的终极目标是生产的产品没有任何缺陷，虽然此目标无法实现，但是制造公司在质量管理的过程中以零缺陷为目标，可以提高产品质量，提升制造公司的竞争力和生产绩效

Sousa 等（2002）指出了质量管理理论研究的五个基本方向：概念；内涵；质量管理对公司生产绩效的影响路径；质量管理的应用；质量管理理论和管理理论的相互作用机制。本书主要关注质量管理的第三个方向，即质量管理对公司生产绩效的影响路径。易岚（2017）构建了质量管理、供应链关系和生产绩效三者之间关系的模型，运用结构方程模型，发现质量管理对生产绩效起显著正向影响作用，供应链关系起显著调节作用。刘颖等（2019）以中国质量奖获奖制造公司为研究对象，运用扎根理论，发现“大质量”文化建设、产业链共赢策略、“互联网 + 质量信息管理”等为影响质量管理实施效果的重要因素。王占秋（2019）将质量管理定义为以质量为核心，全体员工共同参与为基础，提升客户满

意度的管理。周锋（2021）以 192 家船舶制造公司为研究对象，构建质量管理、吸收能力和生产绩效三者之间的关系模型，研究发现质量管理对生产绩效起正向影响作用，吸收能力在质量管理和生产绩效之间起显著调节作用，但是质量管理不同子维度调节作用的方向不同。郭红梅（2021）建议将质量管理和成本控制相结合，更有利于提升公司生产绩效。孙卫（2021）以 204 家制造公司为研究对象，构建了质量管理、企业资源禀赋、组织惯性、生产绩效的双元中介模型，研究发现，企业资源禀赋在质量管理和生产绩效之间起正向中介作用，组织惯性在质量管理和生产绩效之间起负向中介作用。杨雪娟和原珂（2022）运用广东省 2014—2018 年公司调查数据，研究发现质量管理对生产绩效的不同子维度产生的影响并不相同。周雄勇和许志端（2022）运用资源依赖理论，构建了质量管理、供应链和生产绩效三者之间关系的模型，以我国 4 个省份 358 家食品公司为研究对象，研究发现质量管理对生产绩效起显著正向影响作用，供应链对于不同的质量管理子维度起部分或完全中介作用。

三、创新理论

随着市场竞争日益激烈，创新已经成为制造公司获取竞争优势和提升生产绩效的来源之一。公司创新通常以一个新的想法开始，伴随着新发明的应用，最终为客户带来一些新产品。创新对制造公司的发展具有重要的作用，对于制造公司在激烈的市场竞争中的优势地位具有促进作用。20 世纪初学者们就开始研究创新理论，Schumpeter（1912）界定了创新的内涵，指出将新条件组合、新生产要素融入生产体系就是创新。创新可以从不同的方面进行衡量，例如生产技术的改进是创新，公司研发新的产品也是创新，创新可以大幅度提升制造公司的竞争力和生产绩效。在此基础上，国内外众多学者分别运用理论分析、案例分析和实证分析等方法，研究创新理论。

创新理论自其被提出至今已有100多年的历史，在这个过程中，诸多学者从各个角度提出了不同的观点，使得创新理论被逐步完善。法国经济学家Jean-Baptiste Say指出，改变资源的产出就是创新；美国知名的企业管理哲人Drucker指出，公司提升了产品质量和服务，进而提升了用户满意度，使用户获得了价值，这就是创新。由此可见，无论是基于需求的视角还是基于供给的视角来度量，创新对公司甚至整个社会的经济增长都是非常重要的。Daft（1978）、Roberts等（1999，2003）、Gaynor（2002）、Hult等（2004）、MacPherson等（2015）、Chen等（2015）、Lundvall等（2016）和李飞等（2016）研究发现，创新对公司生产绩效具有正向影响作用。Damanpour（1996）将公司创新分为产品、服务、技术、组织结构、管理系统等方面的创新。郭九成等（2008）提出公司的创新能力是在获取资源、开发新产品、将新产品推向市场并占有一定市场份额的过程中的表现。吴金希（2014）、杨林等（2015）、解学梅等（2015）分别对国内外的协同创新研究进行了系统述评。李培楠等（2014）、Chesbrough等（2014）和Hewitt等（2018）对开放式创新和产业技术创新进行了研究。Ruan等（2014）、Reinhardt等（2015）、孙莹（2016）和Garcia等（2019）研究了破坏性创新。赵炎等（2014）和罗庆朗等（2020）度量了公司的创新能力。Schut等（2016）研究发现，农业创新平台可以更加全面系统地促进农业创新和发展。徐国军等（2016）研究发现，分布式创新更加科学合理，因为创新领先的公司通过知识共享和集成，可以将创新成果传递给世界各地的其他公司。董铠军等（2018）将创新理论分为四个阶段：线性驱动、系统驱动、多系统驱动、生态系统驱动。许冠南等（2020）指出，虽然我国科学技术在某些领域处于领先地位，但是由于科学、技术和市场之间缺乏联系，导致新兴产业的创新生态系统相对落后。张军成等（2020）认为，习近平总书记关于科技创新的重要论述与“一带一路”理论之间存在紧密联系。我国政府为支持小微企业创新采取了税收优惠、财政补贴和政府采购等政策，李琼（2021）研究发现，三项政策的实施效果有显著差别，其中政府采购对小微企业的创新影响不显著，不同类型的财政补贴政策对小微企业的创新影响有显著差别，税收政策缺乏针对性，直接补贴政策最显著。庄芹芹（2022）运用2007—2019年上市制造公司数据，构建容错制度对公司创新影响的DID模型，研究发现，容错制度对国有企业的创新行为有显著影响作用，其中对中小型国有企业的影响作用更显著，但是对民营企业的影响作用并不显著。骆郁廷和张文成（2022）指出，创新是新发展理念之首，是实现高质量发展的关键变量和最大增量，创新在我国现代化建设战略全局中居于核心地位。邱楚芝和赵锦瑜（2022）运用双重差分模型，研究政府政策对公司创新行为的影响，研究发现政府颁布的政策显著提升了专利数量，却降低了专利质量。曲冠楠（2022）研究发现，有意义的创新过程对创新绩效起显著正向影响作用。

第二节　生产绩效相关研究

如何提升高科技制造公司的生产绩效水平一直是学术界和制造业关注的热点问题。在当今动态、复杂和难以预测的全球化经济中，取得良好的生产绩效已逐渐成为高科技制造公司提高竞争能力和生产绩效的关键，因此，制造公司生产绩效成为目前研究的前沿问题。其中，生产绩效的实现路径，即如何提高公司生产绩效等相关主题是现有研究关注的焦点（黄攸立、陈如琳，2010）。

一、生产绩效的内涵

生产绩效是一个复杂而广泛的概念，其内涵随着时代的发展越来越丰富，但人们尚未在统一的框架内对生产绩效进行定义。大部分已有文献将生产绩效看作是业务管理活动的结果，并由多指标、多维度来度量生产绩效。Campell 等（1977）指出，只能在理论层面定义生产绩效，无法给它赋予一个实践层面的定义。Ruekert、Walker 和 Roering（1985）认为，公司生产绩效包括公司的效能、效率和适应性三部分。国外学者对生产绩效定义的观点主要分为三类：绩效不是结果，而是行为；绩效是结果；绩效是行为和结果的结合。国内部分学者对生产绩效的概念进行了相关论述，如表 2-2 所示。

表 2-2　生产绩效的内涵

学者	年份	观点 / 贡献
袁平	2010 年	生产绩效主要包括财务绩效和成长绩效。公司的成效或业绩即为公司生产绩效，生产绩效可以衡量公司战略目标达成的程度，反映公司在一定时期内取得的效能和经营效率
刘刚	2017 年	公司运行过程中在财务价值、运营效率、战略实现程度和客户价值 4 个方面取得的效果，即为公司生产绩效
陈雅文	2019 年	在业务活动过程中获得的销售利润的经济结果，即为公司生产绩效
王睿	2020 年	运用 AHP 法，构建了独角兽公司生产绩效评价指标：盈利能力、风险管理能力和财政能力等

二、生产绩效的度量

公司生产绩效的度量方法可大致分为目标法、系统法和多元法，3种方法各有自己的不足和局限性，但相互之间可以进行弥补。Steers等（1975）认为，目标法是参考一般和多重的绩效评价方法，系统法可以弥补目标法的不足。Gregory等（1996）认为，相对于其他两种度量方法，目标法具有相对客观的特点，但是由于目标之间具有多元性及不可协调性，导致目标法在实际应用中具有局限性。与目标法和系统法相比，在度量公司生产绩效时，多元法可以兼顾到不同利益相关者，因此应用日益广泛。已有文献基于不同视角将公司生产绩效评价指标分为不同类型，例如基于数据类型，分为客观指标和主观指标；基于数据形式，分为相对指标和绝对指标；基于维度数量视角，分为一元维度和多元维度；基于财务视角，分为财务指标和非财务指标，其中财务指标又可以分为市场财务指标和会计财务指标（见表2-3）。Chakravarthy等（1986）和Venkatraman等（1986）认为，会计指标和财务指标既有区别也有联系。与财务指标相比，会计指标无法很好地反映公司真实经营状况，而财务指标有利于测量公司的真实生产绩效，且不受核算方法、非现金交易及折旧等因素的影响。姜铸、李宁（2015）将公司生产绩效状况用平衡计分卡来衡量，并将公司生产绩效分为内部营运、成长绩效、财务绩效和顾客绩效4个维度来测度。江积海、沈艳（2016）将生产绩效测度指标定义为：销售净利率、总资产收益率、销售毛利率和资产收益率。肖挺（2018）研究发现，制造业服务化与销售收入、利润率的关系不是简单的线性关系，不易测度，而与技术型员工比重呈正相关关系，并将公司生产绩效指标定义为人员结构、利润率和产品销售额等维度。

表 2-3 公司生产绩效评价指标分类

分类依据	具体分类	分类内容
根据指标的性质	财务指标	投资回报率、净利润和销售增长率等
	非财务指标	企业效率、规模、成长性
根据指标数据的来源	主观指标	企业的财务指标
	客观指标	通过调查问卷获得的数据
根据指标的维度	单维指标	指标的维度只有一个
	多维指标	指标的维度有两个或两个以上
根据指标是否可以比较	绝对指标	针对行业差异对公司生产绩效的影响，绝对指标无法排除
	相对指标	相对指标可以排除行业差异对公司生产绩效的影响

生产绩效是一个多维度的指标，用来衡量公司运行管理活动效果的复杂构念。在表 2-3 列出的公司生产绩效指标分类中，最常用的是财务指标和非财务指标。财务指标使用频率最高的是投资回报率、资产回报率、营业额增长率、销售增长率和企业盈利率等度量指标，通过这些指标可以对公司过去的经营成果进行解释；公司竞争优势和长期的成长性可以用非财务指标进行综合评价，非财务指标主要包括产品创新、客户满意度和社会责任等。

三、生产绩效的影响因素

Khanna（2005）基于制度环境的视角，研究公司生产绩效的影响因素，根据跨国公司在发展中国家和发达国家的不同表现，得出国家的制度体系对公司生产绩效具有重要影响的结论。Chan（2008）研究发现，制度发展指数与跨国公司的生产绩效之间呈倒 U 形关系，其中制度发展指数由国家的经济、政治和社会制度发展水平来衡量。还有部分国内学者对公司生产绩效的影响因素做了相关研究，如表 2-4 所示。

表 2-4　生产绩效的影响因素

学者	年份	观点 / 贡献
黄灿	2013 年	基于政治的视角，研究政企关联对民营上市公司生产绩效的影响，发现当民营上市公司获得足够的政治身份时，其生产绩效会显著提升
王倩	2014 年	基于我国和美国的市场体制、制度环境的视角，分析社会责任与公司生产绩效的关系，发现市场化程度对社会责任与公司生产绩效的关系起着重要的影响作用，因此美国公司的社会责任与公司生产绩效的关系更为密切
郝潇	2015 年	发现我国医药业上市公司生产绩效的影响因素为公司内部制度的控制，其对公司生产绩效起正向影响作用
李稳稳	2019 年	认为各种制度环境为公司生产绩效的重要影响因素，其影响路径为制度环境对公司行为产生重要的影响，导致公司社会责任行为存在显著差异，公司社会责任对公司声誉有重要影响，可以改善利益相关者的关系，提高公司生产绩效
邹建辉、陈德智	2020 年	将公司生产绩效分为财务绩效和创新绩效，公司生产绩效的正向影响因素为动态能力，且动态能力对两种类型绩效的影响大小并不一样，对财务绩效的影响要小于对创新绩效的影响

第三节　精益生产相关研究

精益生产思想源于日本丰田汽车公司，精益生产方式被美国、日本和欧洲等发达国家和地区的制造公司称为最佳的生产模式。精益生产模式的宗旨包括降低生产成本、消除浪费，实现生产零浪费，提升产品质量，满足客户需求、达到客户满意。精益生产的实质是通过促使质量管理不断优化，提升公司质量管理水平。为确保公司实现准时化拉动式生产，实现公司生产绩效最大化的目标，公司应降低生产环节的浪费现象，运用柔性化和零浪费生产方式。刘会敏（2020）以 X 制造公司为研究对象，对比研究了 X 制造公司进行精益生产前后的状况，发现 X 制造公司实行了精益生产后，降低了浪费，减少了生产成本，优化了生产过程，提升了生产效率和员工工作积极性。

一、精益生产的内涵

国内外学者基于不同视角对精益生产的内涵进行了研究。Ocak 和 Zeynep（2011）基于价值浪费的视角研究精益生产的内涵，指出精益生产可以防止公司出现无价值的运行行为，完善公司的生产和管理。Creese 和 Robert（2000）、王寅东（2003）、宁玉梅（2013）、Monroy 和 Nasiri（2014）、Vilkas（2015）、武爱国（2016）基于成本控制的视角研究精益生产的内涵，发现公司运用精益生产方式，可以降低公司运行成本和生产成本，提升公司生产绩效。Powell（2013）、Anonymous（2015）和Hao-nan WANG 等（2021）基于生产效率的视角研究精益生产的内涵，发现精益生产可以提升公司生产效率。Tobias 等（2017）指出，工业 4.0 时代的到来，使精益生产的模式、内涵和理念与制造公司的发展理念日益吻合，并对精益生产系统和精益生产理念进行了全新的阐述和解读。Womack 等（2011）将已有学者的研究成果和自己的研究成果相结合，把精益生产思想精简为 5 个部分：产品价值可以精确地界定；产品价值可以明确地辨别；产品价值快速流动；产品的制造过程具有拉动作用；以毫无瑕疵为最高目标。这 5 个准则体现出了精益生产的精髓和本质。

二、精益生产与生产绩效的关系

精益生产越来越多地被制造公司所重视，并视为提升公司竞争力和生产绩效的重要策略。我国最先引入精益生产模式的制造公司是中国一汽，已经显著提升了公司的生产绩效。精益生产不仅注重于精简制造过程中的一切烦琐的环节，而且强调并推广产品生产过程的品质保证体系，以达到产品的零库存和柔性化，以此提升公司生产绩效。Balakrishnan（1996）将调查的制造公司分为两组：实施精益生产的和未实施精益生产的，研究发现，二者在资产回报率上没有显著性差异。安丹和潘玉香（2015）将我国 20 家制造公司平均分为两组，其中一组制造公司实施了精益生产模式，而另外一组未实施精益生产模式，研究发现，实行精益生产的制造公司生产绩效显著高于未实行精益生产的制造公司。

国内外现有研究文献基于不同的视角研究了精益生产与制造公司生产绩效的关系。Chapman 和 Carter（1990）研究发现，制造公司运用精益生产模式提升生产绩效的有效路径共有 4 条：优化生产过程、构建有效整体布局、降低生产线的换线时间、提升产品质量，其中前 3 条路径主要用于提高公司生产效率。Inman 和 Mehra（1993）研究发现，制造公司运用精益生产模式提升生产绩效的有效路径为提升服务水平、提高资金回报率和降低总成本。Fullerton 和 McWatters（2001）以美国 447 家制造业公司为研究对象，根据 254 份调查数据，研究发现制造公司运用精益生产提升生产绩效的有效路径为提升库存周转率、提升公司盈利能力和提升产品质量。严福荣（2017）将精益生产提升公司生产绩效的有效路径分为 5 条：提升公司员工的工作效率；提升公司的生产效率；提升产品质量；缩短产品研发周期；保证整个生产环节平稳运行；降低残次品发生率。张明娟等（2018）以家电制造公司为研究对象，研究发现制造公司运用精益生产提升生产绩效的有效路径为降低浪费、提升资金运用效率、提升库存周转率。

其中，部分国内外专家学者分别基于库存周转率和成本视角研究了精益生产对公司生产绩效的影响。

1. 库存周转率视角

Samson 和 Terziovski（1999）、Capkim 等（2009）、赵泉午等（2012）研究发现，制造公司运用精益生产方式可以改善库存周转率，而库存周转率的改善往往可以促进公司生产绩效。Cannon（2008）以美国 1991—2004 年 244 家制造公司为例，研究发现并非所有制造公司库存周转率的改善均能提升公司生产绩效。Eroglu 和 Hofer（2011）认为，在分析精益生产和生产绩效关系时忽视了公司规模扩大带来的影响，由此导致看似矛盾的结论。制造公司生产的目的首先应维持自身的生存，并获得快速发展，在获得最大收益的同时使投入的成本最少，确保实现生产绩效最大化的目标。

2. 降低成本视角

已有文献发现，精益生产在公司控制生产成本方面起到了重要作用。Granlund 和 Malmi（2002）研究发现，在制造公司实施精益生产模式的基础上，成本管理在公司管理实践中发挥了不可估量的作用。Silvi 等（2008）、莫炜（2015）、Wickramasinghe 等（2017）、朱方等（2018）、马欢欢（2018）、杨晓岗（2018）、张凤梅（2019）、陈文静（2019）、魏寅（2019）、叶文进（2019）、李勇（2019）、王红卫（2019）、陶杏子（2020）和陈文贵（2021）等分别以供电行业、加工制造业、钢铁行业、航空事业、核电制造行业、建筑业、汽车制造业为例，发现将精益生产思想融入战略成本管理进行研究，可以有效控制公司的成本，从而增加公司收益，增强公司市场竞争力，提升公司生产绩效。

第四节　生产技术改进相关研究

面对日益激烈的市场竞争，生产技术改进已经成为高科技制造公司提升生产绩效的重要因素，也是制造公司核心竞争力的基础，更是在国际上获得竞争优势的最大资本，同时也是提升制造公司质量管理能力的关键所在。

一、生产技术改进的内涵

生产技术在高科技制造公司运行中起着重要作用，是企业生存和发展的保障。与早期的手工生产方式、大规模生产方式相比，现在的生产技术在数字技术、信息技术的影响下，已经发展成为现代化生产技术。美国在 20 世纪 80 年代首次提出生产技术改进的理念，自此生产技术改进一直是制造公司追求的重要目标。

通过对已有的国内外相关文献进行分析，发现国外学者大部分是从生产过程的角度对生产技术改进进行界定，即首先形成新的思路、新的想法，并将这些新思路、新想法成功融入生产实践中，最终将这些具有应用价值的新思路、新想法进行推广实施，而国内学者的研究则主要是聚焦于生产技术改进的具体路径。例如，房贵如和刘维汉（1995）认为，制造公司之所以进行生产技术改进，主要原因在于提升自身的竞争力，将生产技术不断优化和推陈出新就是生产技术改进。并认为生产技术改进并不是静止的和绝对的概念，而是一个动态的和相对的概念，制造公司将管理、机械、材料和电子等领域的研究成果融入进来，并将这些研究成果应用于生产制造过程，使生产过程灵活、能耗低、绿色环保、效率高，生产的产品质量高，从而提升公司的生产绩效。张申生（1995）在已有研究结论的基础上，基于整体的视角研究生产技术改进的内涵，认为生产技术改进应包含不同的生产方式，兼顾不同时期的发展要求，将管理技术、生产技术、自动化技术和信息技术相结合即是生产技术改进。万志芳等（2020）将生产技术改进分为生产技术改进倾向、资源投入能力、研究开发能力、生产制造能力等。

在参考已有文献的基础上，本书认为，生产技术改进并非单项生产技术的改进，而是在传统生产技术改进的基础上，持续地将新材料、数字技术等高科技与产品有机地结合在一起，形成先进的生产技术，因此生产技术改进融合了众多因素，例如人的因素、管理因素和技术因素等。从宏观视角来看，生产技术改进是在科技、经济和管理等领域发展的基础上形成的，属于持续发展、持续改善的生产体系。

二、生产技术改进与生产绩效的关系

高科技制造公司的生产部门是应用先进技术最多且生产技术最复杂的，美国、日本和欧洲等发达国家和地区用于生产技术改进的研究经费占总支出的七成以上，在我国生产技术改进也属于科技支持的重点项目，可见生产技术改进在高科技制造公司中的重要作用。传统的制造公司对生产技术改进并不重视，主要是通过大规模生产低成本的产品，利用规模效应来提升公司生产绩效，在激烈的市场竞争中获得竞争力。由于传统制造公司生产的产品技术含量低，产品差异化不大，且规模越大成本边际越薄，因此很难提高公司生产绩效，制造公司仅仅利用价格的优势来维持公司竞争力的方式已经不合时宜。为提高公司生产绩效、增强市场竞争力，制造公司需要通过生产技术改进提高产品差异化程度和产品质量，从而使公司实现发展。

自生产技术改进理论诞生以后，国内外已有学者将生产技术改进对生产绩效的影响作用作为研究重点，并基于不同的视角、不同的背景对此进行了研究。部分学者认为生产技术改进对生产绩效的影响并不显著，例如 Boyer 等（1996）指出，制造公司仅仅依靠生产技术改进对生产绩效提升作用很小；Beaumont 和 Schroder（1997）以澳大利亚制造公司为研究对象，研究生产技术改进和生产绩效之间的关系，研究发现，生产技术改进对生产绩效的影响作用在 1% 的显著性水平下并不显著；Swamidass 和 Kotha（1998）认为，将传统生产技术和以数字技术为基础的现代生产技术相结合即为生产技术改进，并在此基础上构建了包含生产技术改进、公司规模和生产绩效的实证模型，运用多元回归模型对三者之间的关系进行验证，研究发现，制造公司进行生产技术改进并未对公司生产绩效的提升起到显著的影响作用。

大部分学者认为生产技术改进对生产绩效起显著影响作用，例如Small和Yashin（1997）以美国125家制造公司为研究对象，研究制造公司实行生产技术改进对公司的影响，发现实行生产技术改进的制造公司在许多绩效指标上均高于未实行生产技术改进的公司；Tracey等（1999）构建了一个包括生产技术改进、公司竞争能力和生产绩效的实证模型，研究发现竞争能力在生产技术改进与生产绩效之间起中介作用，即进行生产技术改进可以提升公司竞争能力，而竞争能力的提升可以提升公司生产绩效；李晓明等（2004）运用9个指标度量制造公司生产技术改进水平，并以31家制造公司的调查数据为研究样本，研究发现制造公司实行生产技术改进可以显著提升公司生产绩效；燕洪国和邢丹萍（2017）将公司生产绩效分为财务绩效和市场绩效两个维度，并使用LP法和OP法对公司生产技术改进程度进行测度，利用2006—2015年我国上市制造公司数据，对生产技术改进和生产绩效的关系进行研究，发现生产技术改进对财务绩效和市场绩效均有显著的正向影响作用，尤其是在市场绩效维度上，生产技术改进对于高科技制造公司生产绩效的促进作用更为显著；林敏和张田田（2019）研究发现，生产技术改进对生产绩效的3个指标均产生正向影响，且在1%的显著性水平下显著成立；田云玲等（2020）发现生产技术改进对生产绩效的影响比较复杂，并非呈现简单的线性影响关系，生产技术改进对生产技术的影响具有滞后性，并且在10%的显著性水平上并不显著；杜连雄和张剑（2020）研究发现，生产技术改进对公司的财务绩效和环境绩效均产生正向的影响作用。

第五节 质量管理相关研究

大部分观点认为，制造公司在激烈的市场竞争中生存和发展的重要因素是生产模式和生产技术，因此制造公司要在激烈的市场竞争中获得先发优势，必须持续优化生产模式，进行生产技术改进。Ray Stata 分析了 20 世纪 70—80 年代美国制造公司被日本制造公司赶超的原因，发现美国制造公司之所以没落其根本原因并不是公司的生产技术、生产模式不如日本制造公司，而是公司的管理出现了问题。在 Ray Stata 研究的基础上，众多学者开始对质量管理进行深入研究。20 世纪 80—90 年代，日本制造公司通过质量管理、精益生产等管理创新实践打败了拥有显著技术优势的美国制造公司，推动日本成为第一个通过质量管理实现工业强国的典范，自此以后质量管理才日益得到制造业和学术界的关注。在制造公司的生产和管理过程中，质量管理往往难以控制，导致公司质量管理出现问题的原因既来自基层员工、高层管理人员，也来自公司系统设计上的缺陷、标准制订的错误等。质量管理方法众多，日本著名质量管理专家石川馨指出，QC 七大工具（即层别法、检查表、柏拉图、因果图、管制图、散布图和直方图）是最为实用的方法，并认为制造公司的管理人员运用 QC 七大工具可以解决大部分质量管理问题。

一、质量管理的内涵

在供给大于需求、竞争日益激烈的时代，质量管理已逐渐成为制造公司竞争获胜的法宝，许多学者和公司管理人员也因此开始关注质量管理这一领域。Juran（1992）首次系统性地界定了质量管理的概念，认为市场化管理和适应性管理的结合即为质量管理；Feigenbaum（1997）认为，制造公司应以最小的成本满足客户需求，在此前提下将制造公司不同部门的生产、研发和管理活动进行整合即为质量管理。本书认为，界定和度量公司的质量管理过程是一个动态的过程，对质量管理的认识经历了4个阶段：质量检验、统计过程控制、经营质量管理和全面质量管理，从“片面的质量管理”演进为综合满足客户及相关方需求的“全面质量的管理”，强调以全面质量为中心、以全员参与为基础，通过对质量全过程的管理，使得员工、供应商和客户等相关方满意。

二、质量管理与生产绩效的关系

目前，世界各国制造公司之间的竞争日益激烈，管理创新已经成为高科技制造公司的生存根本，而质量管理则成为高科技制造公司提升自身竞争力和生产绩效的基础。质量管理的相关实践和研究持续发展，大部分学者认可质量管理对于制造公司平稳运行的作用，同时，制造公司质量管理对生产绩效的影响作用成为质量管理领域重要的研究课题。姜鹏和苏秦（2013）认为，质量管理和公司生产绩效的关系模型一直是质量管理理论研究领域的一个重要课题。

通过对国内外已有文献的研究，发现只有少部分文献认为质量管理未对公司生产绩效起显著影响作用，例如Powell（1995）、Martinez-Lorente等

（2000）、Sousa 和 Voss（2022）分别以西班牙、马来西亚制造公司为研究对象，研究发现质量管理不是生产绩效的主要影响因素，Wu 等（2011）认为质量管理受到制造公司外部因素的影响，导致对生产绩效的影响不显著。

大部分文献则是基于整体视角，认为质量管理对公司生产绩效起显著正向影响作用，例如 Adam（1994）、Dean 和 Snell（1996）、Lemak 等（1997）、Curkovic 等（2000）、Agus 和 Sagir（2001）、De Cerio（2003）、Prajogo 和 Sohal（2003）、Nair（2006）、Sila（2007）、宋永涛等（2008）、Martinez-Costa（2008）、宋永涛和苏秦（2011）、朱媛媛（2012）、Kim（2012）、梅莉（2012）、Ebrahimi 等（2013）、郁玉兵等（2014）、Al-Ettayyem 等（2015）、曾珍和王宗军（2017）、王伟成（2017）、孙沛东（2019）、李鸣（2019）、张海振（2019）分别以美国、西班牙、澳大利亚、日本和中国等制造公司为研究对象，研究发现质量管理是生产绩效的主要影响因素，且有显著的正向影响。

虽然基于整体视角，质量管理对公司生产绩效起显著的正向影响作用，但也有部分学者发现质量管理对生产绩效不起作用，甚至具有负向影响作用。还有部分学者将质量管理分为不同子维度，研究质量管理的子维度对生产绩效的影响作用，例如 F1ynn（1995）在对质量管理进行全面细致的梳理后表示，质量管理主要有两部分构成：一是基础工作，二是关键工作。Rahman 和 Bullock（2005）以澳大利亚制造公司为研究对象，按照 F1ynn 的研究思路，将质量管理分为软性维度和硬性维度，研究这两个维度对公司生产绩效的影响作用，研究发现软性维度和硬性维度均对公司生产绩效起显著正向影响作用，并且硬性维度在软性维度和公司生产绩效之间起显著中介作用，Khan 和 Naeem（2016）也得出了类似的研究结论。在 F1ynn 研究结论的基础上，奉小斌和陈丽琼（2016）将质量管理分为基础实践和核心实践两个维度，并基于这两个视角分别实证分析了对公司生产绩效的影响作用，研究发现这两类实践对公司生产绩效均起显著的正向影响作用。还有其他国内外学者通过各种渠道广泛收集的数据，借助成熟科学的路径分析方法，对质量管理及其子维度对公司生产绩效的影响作用进行了深入研究，研究结果如表 2–5 所示。

表 2–5　质量管理子维度对生产绩效的影响

学者	年份	质量管理子维度	对生产绩效的影响
Samson 和 Terziovski	1999 年	领导、人员管理和客户关注	显著正向影响
Dow 等	1999 年	员工承诺、共享愿景和顾客导向	显著正向影响
Keah–Choon Tan	1999 年	顾客关系	显著正向影响
Merino	2001 年	全员参与、员工培训和信息共享	显著正向影响
Hoang 等	2006 年	培训	显著负向影响
Hung 等	2011 年	组织学习	显著正向影响
Ooi 等	2012 年	流程管理、战略规划、人员管理、顾客关注	显著正向影响
Zehir 等	2012 年	领导能力、客户满意、不断完善、员工参与	显著正向影响
Talib 等	2013 年	文化相关的因素	显著正向影响
李奔波等	2014 年	管理者的理性领导，整合管理层、员工、供应商等资源，优化以时间为基础的制造活动	显著正向影响
Long 等	2015 年	人员管理、流程管理和顾客关注	显著正向影响
Xiong 等	2017 年	员工关系和过程管理	显著正向影响
张清云	2020 年	供应链	显著正向影响
韩磊	2020 年	吸收能力	显著正向影响

三、质量管理影响生产绩效的路径

以上文献研究了质量管理及不同子维度对公司生产绩效产生的影响作用，除此以外，国内外学者对质量管理影响公司生产绩效的路径和机制进行了深入的研究分析，在质量管理影响公司生产绩效的路径研究中，比较具有代表性的是 Gavin（1987），他从市场和生产两个视角研究了质量管理对生产绩效的影响。其中，基于市场视角，Gavin 提出为提升生产绩效，应提升质量管理，因为质量管理可以提升产品质量，提升产品销售额，高质量的产品可以提升产品价格，降低需求弹性、生产成本；基于生产视角，他认为质量管理可以降低返工率、废品率和缺陷率，使生产过程更加稳健、生产成本更低，从而提升生产绩效。Gavin 的研究证实了质量管理提升生产绩效的路径：质量管理—运作绩效和质量绩效—生产绩效。Gavin 的研究结果对后面学者的研究具有重要影响，具有不同背景的学者们给出了质量管理影响生产绩效的不同的有效路径，具体如表 2–6 所示。

表 2–6　质量管理影响生产绩效的有效路径

学者	年份	有效路径
Kaynak	2003 年	质量管理—运营绩效—公司生产绩效
Maiga 和 Jacobs	2005 年	质量管理—质量绩效—公司生产绩效
Lin C	2005 年	质量管理—供应商的选择—公司生产绩效
李钊等	2008 年	质量管理—质量绩效、创新绩效—公司生产绩效
李全喜	2011 年	质量管理—管理创新—公司生产绩效
熊伟等	2012 年	质量管理—质量绩效—公司生产绩效
姜鹏等	2013 年	质量管理—知识转移—公司生产绩效
Parvadardini	2016 年	质量管理—质量绩效—公司生产绩效

【本章小结】

本章首先阐述了与研究主题密切相关的精益生产理论、质量管理理论和创新理论，在此基础上，基于本书的研究要素与相关理论进行了文献梳理，分别阐述了生产绩效、精益生产、生产技术改进和质量管理等相关文献内容。基于理论基础和文献介绍，下一章将进一步阐述本书的研究方法、研究工具和研究模型设计。

第三章　研究假设与研究设计

通过上一章对生产绩效、精益生产、生产技术改进、质量管理等相关理论及文献的梳理，本章将进行研究假设与研究设计的阐述。首先，对生产绩效、精益生产、生产技术改进、质量管理 4 个变量之间的因果关系进行假设，并在前人研究的基础上，总结和提炼上述 4 个变量的测量维度；其次，根据生产绩效、精益生产、生产技术改进、质量管理 4 个变量的测量维度，进行量表的设计和开发，并在量表的基础上进一步明确调查对象及目的，确定抽样方法及样本容量，精心设计调查问卷，利用问卷调查所获得的样本数据进行效度和信度检验，为后面的实证检验提供坚实的基础；再次，阐述数据的采集过程与结果，主要介绍公司性质、公司所在地区、员工人数、公司经营年限和公司总资产等信息；最后，介绍本书所采用的描述性统计分析、变量信度效度分析、典型相关分析和多元回归分析等实证分析方法。

第一节　研究假设及作用机理

根据前文的理论基础与文献综述，针对精益生产、生产技术改进、质量管理和生产绩效之间的关系，提出本书的理论假设，构建本书的理论模型和研究框架，为后面的实证分析提供理论基础。

一、精益生产与生产绩效的关系探讨

高科技制造公司属于高科技行业，如果仅是片面地研究技术层面的创新，缺少精益生产的支撑，根据木桶理论，制造公司很难充分发挥生产技术优势，从而提升制造公司生产绩效和竞争力，因此美国、日本和欧洲等发达国家和地区的制造公司均将精益生产模式作为公司的生产模式。这些发达国家的生产实践均表明，精益生产方式是支持公司管理目标实现的关键手段。随着我国世界制造中心地位的形成，如何提高制造资源利用率、降低生产成本、提高生产效率的问题日益严峻，而精益生产模式可以提升生产效率、降低生产成本、减少浪费，因此日益受到国内制造公司的重视。国内部分高科技制造公司已经实施了精益生产模式，例如中国一汽通过引入丰田生产方式和精益生产方式，并结合自身的实际情况，创造了自己的红旗生产方式，对于公司生产绩效的提升发挥了重要的作用。

精益生产方式在制造业具有广泛的应用，同时学术界对精益生产模

式也进行了深入的分析和探讨，通过对精益生产的概念、内涵以及对生产绩效的影响作用进行深入研究，探寻提升公司生产效率、降低生产成本、减少浪费和提升生产绩效的最佳精益生产模式。Demeter 和 Matyusz（2011）研究发现，制造公司实施精益生产模式可以改善生产方式、优化产品设计、简化生产流程，并从人力、物力和模式 3 个角度提升公司生产效率，最终提升公司生产绩效；同时他们将研究样本分为实施精益生产模式和未实施精益生产模式两组，发现重视精益生产模式的公司其库存周转率更高，也就是说，制造公司通过实施精益生产模式，可以有效地减少库存，降低生产成本。Chavez 等（2013）认为，精益生产并不是单一的生产模式，而是一个综合的生产管理体系，公司实现精益生产的主要目标是降低甚至消除公司内部和外部的浪费，同时，精益生产可以通过减少库存、减少生产周期、提升产品质量、提升生产效率等方式提升公司生产绩效。Sajan 等（2017）研究发现，精益生产对公司生产绩效具有显著的正向影响作用，具体包括提升公司盈利能力、提升利润率和降低生产成本等途径。钱彬（2017）以我国 2011—2015 年上市制造公司为研究对象，研究制造公司实施精益生产模式对公司生产绩效的影响，研究发现，精益生产模式与公司生产绩效之间存在倒 U 形关系。唐雨（2018）运用 Bayes 网络模型，研究公司实施精益生产模式对生产绩效的影响作用，研究发现精益生产模式可以显著提升公司生产绩效，但存在一定程度的边际递减效应。Bai 等（2019）研究发现，在高科技背景下，采用精益生产方式能够从产品质量、生产成本、库存周转和灵活性等方面加速数据信息的流动，快速解决员工、供应商和客户面临的问题，提升生产的灵活性和效率，最终提升公司生产绩效。曹文（2020）研究发现，公司引入精益生产模式后，降低了生产成本，提升了生产效率，降低了残次品率、提升了产品质量、减少了资源投入。

综上所述，精益生产的实施可以提升制造公司生产绩效，从而有效提升制造公司在国际市场上的竞争力，因而，大部分国际上排名靠前的制造公司都已经实施或者将要实施精益生产方式。基于以上分析，本书提出第一个研究假设。

H1：精益生产对制造公司生产绩效具有显著正向影响作用。

二、生产技术改进与生产绩效的关系探讨

一直以来，制造业对于制造公司内部的生产技术改进方面的研究很多，并在此基础上形成了成熟的理论模式，同时“十四五”规划中明确要求坚持创新驱动、数字引领，全面塑造发展新优势，强化国家战略科技力量，提升制造公司生产技术改进能力，生产技术改进已成为高科技制造公司应对市场竞争、实现生产绩效持续增长的重要战略手段。在高科技背景下，运用实证分析方法探索适用于制造公司的生产技术改进策略和方法，已成为高科技制造公司发展过程中需要研究和解决的一个重要理论和实践问题。

本书对已有研究文献归纳总结后发现，生产技术改进影响了制造公司的方方面面，具体表现如下。

1. 生产技术改进提升了产品质量

生产技术改进使制造公司能够把握最新的生产技术发展趋势，根据市场需求应用新生产技术、新方法生产出技术指标、质量和性能均处于行业前沿的产品。

2. 生产技术改进提升了基层员工素质

基层员工是制造公司生产设备的直接使用者、生产流程和公司运行的直接参与者，实施生产技术改进要求一线员工必须具有较高的知识水平和

技能。一线员工只有掌握最新的知识、接受最新的教育和培训，才能在传统机械设备向数字设备的更新换代过程中不落伍。当一线员工熟练掌握了先进的生产技术，熟悉了先进生产设备，监控生产过程、操纵生产设备和数据挖掘的能力得到显著提升后，才能保证生产过程稳定，进而提升生产绩效。

3. 生产技术改进提升了供应商供货的标准

生产技术改进对制造公司生产过程会产生显著影响作用，具体表现为促进制造柔性、降低反应时间和促进生产效率等，因此对供应商的供货标准要求也随之提升，例如原材料的质量、原材料供应的效率等，以匹配制造公司生产过程改良的要求。

4. 生产技术改进满足了客户需求

实施生产技术改进的制造公司可以对客户产生显著的影响，在生产设计过程和生产过程中顾客需求得到了更好的体现，能够高效且便捷地挖掘顾客满意度的调查数据，这些都保证了生产过程的稳定，提升了生产设计水平和产品质量，进而提升公司生产绩效。

5. 生产技术改进对流程控制起显著影响作用

为了提高质量管理水平，进而提升生产绩效，制造公司应最大限度地保证生产过程的稳定性，而流程控制具有降低生产过程波动的作用。生产技术改进促使制造公司的设备和技术更精确、更实时，例如电脑辅助制造技术、实时控制技术等，收集、分析各种数据和信息更加高效，在此基础上，与产品质量、生产等相关的信息呈现在公司管理人员、一线员工面前，根据这些信息公司管理人员、一线员工可以高效地调整和监控生产过程。同时，DSS 和 MRPII 等模式、制造系统的应用对制造公司生产效率的提升具有显著的促进作用，能够持续完善生产流程，进而提升制造公司产品质量，最终提升公司生产绩效。制造公司生产技术改进始于各类资源的投入，创造出新生产技术或是优化传统生产技术，促进公司经营目标的实现。因此，制造公司实行生产技术改进，可以提高公司的生产效率，使公司以较低的成本提供高质量的产品，提高公司利润，提升公司生产绩效。

基于以上分析，本书提出第二个研究假设。

H2：生产技术改进对制造公司生产绩效具有显著正向影响作用。

三、精益生产与质量管理的关系探讨

精益生产不只是一种生产模式，更是一种管理体系，对提升制造公司质量管理具有重要作用。制造公司实行精益生产对质量管理的提升主要体现在以下 4 个方面。

1. 精益生产提升了公司员工素质

精益生产提升和规范了制造公司生产现场管理，构建全员参与文化，将公司员工的能力和智慧最大限度地挖掘出来，为制造公司实行质量管理提供支持。在生产过程中公司全体员工能够以主人翁的心态持续地发现问题，并解决问题，从而意识到精益生产的重要性，最终将精益生产模式变成企业理念和企业文化，持续不断地推进公司质量管理。

2. 精益生产优化了公司生产过程

精益生产对制造公司生产模式、生产现场、组织构成和人员构成方面进行不间断的优化、规范和改进，这些优化、规范和改进提升了制造公司的生产系统，在改进过程中所采用的工具、方式和手段就是公司质量管理。

3. 精益生产规范了公司管理制度

精益生产要求制造公司制定作业标准，并形成制度体系，规范了制造公司质量管理制度，同时要求制造公司优化人员组织，规范了制造公司质量管理组织。

4. 精益生产满足了客户需求

精益生产运用的是拉动式生产方式，可以显著减少库存产品，在此基础上，制造公司的生产计划可以按照顾客需求进行制定，以更好地满足客户需要。

精益生产具有商业模式创新功能，进一步规范了商业模式，在长期的生产实践过程中，制造公司形成了精益生产模式下以人为本、精益求精的文化理念，该种文化理念促进了制造公司管理理念和文化的升华。质量管理工程并非一蹴而就，需要持续积累，是一个逐渐发展的过程。质量管理的累积程度对制造公司的生产绩效起正向影响作用，即质量管理累积程度越高，则质量管理的基础越好，促进了制造公司的质量管理能力，最终促进了制造公司的生产绩效。经过对西方发达国家高科技制造公司的深入研究，发现在质量管理基础积累的过程中精益生产具有重要作用，质量管理基础积累的主要方式就是实施精益生产模式。

关于精益生产如何促进质量管理的研究文献相对较少，王玉龙和杜宝军（2005）指出，质量管理和精益生产之间存在协同发展、相互融合的关系。Chiarini（2011）首次系统地研究了精益生产对制造公司质量管理的影响作用，并指出精益生产影响质量管理的有效路径：制造公司实行精益生产，通过简化生产程序、管理手册和生产指导书等，使质量管理实用性更强。牛占文和荆树伟（2014）以一汽轿车和Z集团为研究对象，研究发现制造公司实施精益生产方式对制造公司质量管理具有显著影响作用。Marques等（2016）研究发现，制造公司实施精益生产方式，可以优化生产流程，提升产品质量，质量管理的程序文件和作业指导书会将这些改进标准化，持续优化公司质量管理。陶昌隆等（2021）指出，在制造公司管理方式中融入精益生产理念，可以有效提升公司竞争力。陈太洲（2022）以仪器制造公司为研究对象，对仪器制造公司的管理问题进行了分析，发现制造公司实施精益生产模式有助于改善公司存在的管理问题。

本书认为，制造公司实行精益生产符合质量管理对产品质量的要求，企业在推行质量管理促进产品质量时，也间接地促进了质量体系标准持续上升。基于以上分析，本书提出第三个研究假设。

H3：精益生产对制造公司质量管理具有显著正向影响作用。

四、生产技术改进与质量管理的关系探讨

制造公司的生产技术改进为质量管理提供了内在动力和技术基础，推动制造公司质量管理工作的顺利进行，而质量管理能够优化组织管理流程，提高制造公司生产效率。因为管理研究具有普适性，因此已有文献在研究质量管理时经常将其放在生产技术研究框架中，而 Benghozi（1990）则将质量管理作为独立的内容从生产技术中分离了出来；Dow 等（1999）构建了质量管理度量指标，该度量指标包括了准时生产方式和先进制造系统，这两个指标在一定程度上表明了生产技术改进对质量管理有显著影响作用；Boyer 和 Pagell（2000）对生产技术改进进行了分类，其中设计技术属于类别之一，设计技术包括计算机辅助工程和计算机辅助设计等，说明设计技术已经运用了计算机技术，促使制造公司设计水平持续上升。设计水平的提升、硬件技术对软件技术的支撑，促使生产过程更加稳定。不同部门的合作、客户的建议和参与都提升了产品质量，从而提升了顾客满意度，制造公司质量管理水平也不断提高。我国部分学者也对生产技术改进与质量管理的关系进行了深入研究，并发现制造

公司实行精益生产可以提升质量管理，例如李军锋（2009）研究发现，当传统生产技术转变为以电脑为基本工具的更高级别的生产技术时，可以提升制造公司质量管理水平。生产技术不仅保证了制造公司生产平稳，而且为制造公司质量管理提供了技术支持和技术基础。随着生产技术改进在制造公司的运用，它对制造公司质量管理也产生了重要影响。例如，生产技术改进对制造公司管理层产生了显著影响。为进一步发挥先进生产技术的作用，制造公司高层领导在遵守质量第一战略的同时，应更加关注生产技术改进，整体提升制造公司内部实行生产技术改进的力度，在产品设计过程和生产过程中重视生产技术改进，为公司员工提供一切必需的机遇和资源，以此来提升员工的知识水平和技能；制造公司员工为提升自身知识水平与技能，需要持续地参加培训、继续教育；制造公司实行生产技术改进的基础是原材料的质量较高，同时在生产过程中将顾客需求体现出来；制造公司实行生产技术改进的目的是降低生产过程中产生的波动，提升产品设计水平，从而提升制造公司质量管理能力。

由以上分析可知，生产技术改进对质量管理具有促进作用，生产技术改进的过程可以促进管理的过程，通过质量管理可以将公司员工分配到最合适的岗位，提升了生产效率。如果质量管理的发展水平与生产技术改进的发展水平不匹配，就会降低制造公司生产技术改进效率，创新成果不能及时转化为产品，不能满足客户需求等。

基于以上分析，本书提出第四个研究假设。

H4：生产技术改进对制造公司质量管理具有显著正向影响作用。

五、质量管理与生产绩效的关系探讨

发达国家制造公司的成功在很大程度上是源于重视质量管理。例如，丰田通过生产流程化实现资源的合理配置，杜绝制造公司内部的浪费，提高了制造公司的生产效率，使公司在市场竞争中占据了优势地位；通用电气自实施质量管理以来，为公司节省大量成本，生产绩效大幅提升；戴尔的直销模式使其能按照客户需求进行定制，并且消除了中间商环节，由公司直接向客户发货，节省了成本，减少了对客户的响应时间，这种直销模式使得戴尔的销售量节节攀升。丰田、通用电气和戴尔的成功，显示出质量管理对于提升公司生产绩效的重要性。

质量管理是指制造公司为了提升生产绩效，根据所处的生产环境，对制造公司管理理念、管理方法和管理模式加以创新及优化，从而提高制造公司资源分配和利用效率，实现制造公司资源的有效配置。制造公司实行质量管理可以为公司内部管理注入新的思想和元素，提升公司对于新问题的处理能力，增强内部管理能力。同时，质量管理对制造公司管理运行效率具有提升作用，对组织管理流程具有优化作用，针对复杂的市场环境变化时具有更有效的应对策略，在激烈的市场竞争中获得竞争优势，有利于提高公司生产绩效。

国外学者 Damanpour（1996）、Cumming 等（1998）、Zeitz 等（2002）、Sine 等（2006）研究发现，质量管理可以显著提升公司生产绩效。而国内对质量管理与生产绩效之间的关系进行实证研究的比较少，主要是由于我国在质量管理方面的研究起步较晚，与国外仍有一定的差距。考虑到我国制造公司与国外制造公司在文化、制度上的差异，以及我国在本领域研究的匮乏，针对我国制造公司质量管理进行实证研究是十分必要和有意义的。刘杰（2022）以国内 210 家制造公司为研究对象，将质量管理分为基础质量管理和核心质量管理，并将市场竞争作为调节因子，研究发现，基础质量管理和核心质量管理均对生产绩效起显著正向影响作用，且市场竞争因子强化了这种影响作用。

基于以上理论分析和已有文献研究成果，本书提出第五个研究假设。

H5：质量管理对制造公司生产绩效具有显著正向影响作用。

六、质量管理的中介作用探讨

由研究假设 H1 ~ H5 可知，精益生产、生产技术改进分别对生产绩效、质量管理起正向影响作用，而质量管理又对生产绩效起正向影响作用，由此可见，质量管理在精益生产、生产技术改进和生产绩效之间起到了中介作用。

1. 质量管理在精益生产和生产绩效之间的中介作用

如何在精益生产模式下提升质量管理，是高科技制造公司面临的挑战之一。准时化生产通过生产适量产品，可以将产品库存水平保持在最低的程度，是精益生产模式的重要支柱之一；精益生产模式的另一重要支柱是自动化，为了识别并根除生产过程中各种影响生产的潜在问题，制造公司必须持续提升质量改善能力，增强生产系统的稳定性和可靠性，防止库存过低给生产系统带来的风险，同时为了给产品提供可靠的质量保证，制造公司必须实行严格的工序质量控制。随着自动化在制造公司质量管理中的影响作用日益扩大，公司应最大化精益生产模式的优势，在此基础上构建以零缺陷为中心的质量管理战略，实现精益生产模式和质量管理的有机结合。

综合以上关于质量管理的相关理论分析，可以看出高科技制造公司生产绩效这一衡量制造公司内部生产能力的指标与质量管理有着密切的联系。质量管理在精益生产与公司生产绩效之间起中介作用，它的两个维度——基础维度和核心维度，都会对高科技制造公司生产绩效产生一定的影响。张诚等（2007）以三峡电厂为例，研究发现，三峡电厂通过应用精益生产模型，提高了电厂管理水平，提升了三峡工程效益。付宜磊（2008）以阿斯利康制药公司为研究对象，研究发现，企业推行精益生产模式可以同时提升质量管理水平，企业在提升药品质量的时候可以为企业提供更大的价值。刘群（2020）研究发现，制造公司推行精益生产模式可以有效地提升公司管理系统，有助于提升我国制造公司的国际市场竞争力。韩震（2021）指出，制造公司推行精益生产模式，可以完善公司管理体系，提升制造公司的竞争力。

时至今日，我国制造公司学习和应用精益生产已有近30年的时间。在此期间，有不少制造公司通过实施精益生产较明显地改善了公司质量管理水平，提升了竞争力，比如中国一汽集团、上海欧姆龙控制电器有限公司、东风汽车集团等，都取得了不错的生产绩效。

本书认为，质量管理对制造公司的全面发展具有重要影响作用，其中，对公司内部的影响作用包括提升公司管理人员和一线员工素质、增强质量文化对公司的影响、提升质量管理水平，对公司外部的影响作用包括构建不间断提升的环境、提升客户信心、构建其他管理工具发挥作用的平台、增强公司形象、增加公司市场份额，从而在精益生产与公司生产绩效之间起到中介作用。

基于以上分析，本书提出第六个研究假设。

H6：质量管理在精益生产与制造公司生产绩效之间起中介作用。

2. 质量管理在生产技术改进和生产绩效之间的中介作用

生产技术改进是指将制造公司生产流程进行全面的改造，并快速适应改造后的生产流程，它对制造公司的生产效率、反应、柔性甚至商业效率都有显著的影响。由前面的理论分析及对相关文献的归纳总结可知，质量管理是一项涉及生产过程的公司管理活动，它本身就包含于公司生产流程的全过程。生产技术水平的不断改进促使了质量管理水平的提升，具体体现在以下 5 个方面。

（1）生产技术改进要求质量更高的原料和配料。

（2）生产技术改进会促使制造公司管理人员对一线员工能力越来越重视，提供尽可能多的机会和资源来提升一线员工的能力和学识，对设计过程和生产过程中涉及的技术也越来越重视。

（3）在产品生产过程中尽量体现客户需求。

（4）公司员工为提升自身知识水平和技能，不间断地参加培训和学习。

（5）生产技术改进会进一步提升公司产品设计能力，通过监控有效降低生产流程的波动幅度，从而增加管理过程稳定性。

质量管理主要通过以下 6 个方面提升制造公司生产绩效。

（1）质量管理的主要目标是设计、构建和维护平稳的生产流程，监控并跟踪产品质量，探寻残次品出现的原因，防止再次出现残次品，使公司运行平稳，产品质量持续上升。

（2）为降低生产成本，公司在发现问题时要立刻采取补救措施，质量管理可以持续优化生产过程，避免出现重复问题。

（3）为了避免客户的投诉，提升客户的满意度和黏性，制造公司应在源头上防止出现残次品。质量管理可以保障制造公司挑选合格的供应商，提供高质量的原材料，使制造公司提供的服务和产品符合要求。

（4）实行质量管理，制造公司的奖罚制度、员工自下而上的上升渠道、福利体系和薪酬制度都比较完善，无论在物质上还是精神上都可以提升员工的工作热情，同时制造公司实行自下而上的垂直管理模式，可以提升员工责任感、工作积极性和参与度，从而提升生产绩效。

（5）通过质量管理，构建科学合理的沟通体系，可以保证信息传递更加可靠、更加准确，增加部门内部和外部运行的精确性，提升公司运行的灵活性和效率。

（6）质量管理可以帮助制造公司保持或者增加市场份额，从而提高生产绩效。

Benghozi（1990）指出，在激烈的市场竞争中，技术革新加快，公司不仅需要关注生产技术改进，还要重视质量管理，如更新内部组织结构、调整研发费用的使用、加强人力资源的有效管理等，以提高公司的研发效率和内部管理效率，进而提升公司生产绩效。Hidalgo 等（2010）和 Igartua 等（2010）均认为生产技术改进与质量管理呈正相关关系，可以共同提升公司生产绩效。制造公司生产技术改进对质量管理会产生直接的促进作用，质量管理水平的提升则进一步提高了产品在市场的认知程度和声誉，从而有利于制造公司生产绩效的提升。因此，质量管理在生产技术改进和公司生产绩效之间具有中介作用。

基于以上分析，本书提出第七个研究假设。

H7：质量管理在生产技术改进与制造公司生产绩效之间起中介作用。

第二节　研究框架及假设总结

基于以上的国内外相关文献和相关理论分析，本书发现已有研究缺少将精益生产、生产技术改进、质量管理和公司生产绩效 4 个变量结合的理论模型和实证模型，因此提出了一个将精益生产、生产技术改进、质量管理和公司生产绩效联系起来的研究框架，并深入探讨其中的作用机制。

一、研究框架

高科技制造公司应积极寻求现代公司生产、技术和管理的创新模式，从而推动公司更好地向前发展。王铁男等（2012）认为生产技术改进提升了质量管理，质量管理提升了公司生产绩效。Luk 等（2008）和 Slater 等（2014）研究了生产技术改进和质量管理如何通过其单独的、间接的或交互的关系来影响公司生产绩效，研究发现，生产技术改进是质量管理的基础。相对于其他形式的生产技术改进，激进的生产技术改进可提升质量管理，而这些都应带来卓越的生产绩效。Kalay 等（2015）发现，生产技术改进对公司生产绩效的影响并不显著。截至目前，国内外专家学者在精益生产、生产技术改进与公司生产绩效间的关系方面取得了丰硕的研究成果，大部分研究者认同精益生产和生产技术改进对公司生产绩效有显著的正向影响作用，也有部分学者认为精益生产和生产技术改进对公司生产绩效没有直接影响；有学者认为质量管理能够直接影响公司生产绩效，也有学者强调精益生产与生产技术改进的协同才对公司生产绩效的提升产生作用。

经过对已有文献、案例和相关理论进行深入分析，本书认为精益生产和生产技术改进均对高科技制造公司生产绩效具有一定的影响作用，故本书的理论模型主要如下：高科技背景下精益生产积极影响高科技制造公司生产绩效；生产技术改进积极影响高科技制造公司生产绩效；质量管理在精益生产、生产技术改进和生产绩效之间起中介作用。在研究命题的基础上，构建了高科技背景下精益生产、生产技术改进、质量管理与高科技制造公司生产绩效间关系的理论模型：以精益生产、生产技术改进为自变量，质量管理为中介变量，生产绩效为因变量，整合为“精益生产、生产技术改进—质量管理—生产绩效”的研究框架，如图 3-1 所示。

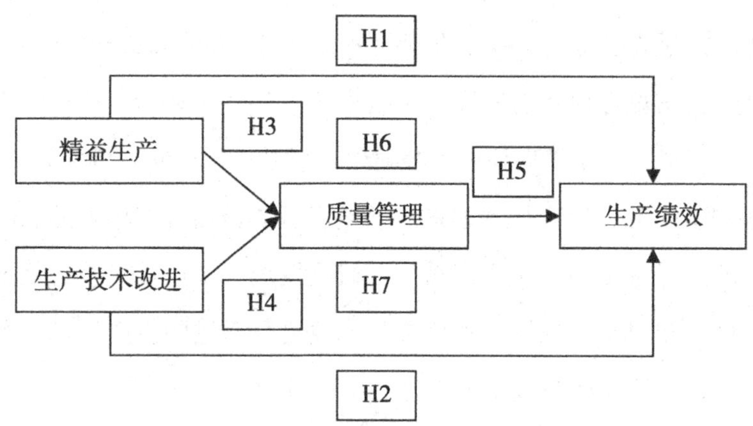

图 3-1　研究框架

二、假设总结

综上所述，精益生产、生产技术改进既可以直接影响制造公司生产绩效，还可以通过质量管理这一中介变量间接影响公司生产绩效。至此，本书提出了 7 个研究假设（见表 3-1），并在后续的研究中运用多元回归分析分别进行了验证性分析，以此构成本书的核心内容。

表 3-1　研究假设

假设编号	假设
H1	精益生产对制造公司生产绩效具有显著正向影响作用
H2	生产技术改进对制造公司生产绩效具有显著正向影响作用
H3	精益生产对制造公司质量管理具有显著正向影响作用
H4	生产技术改进对制造公司质量管理具有显著正向影响作用

续表

假设编号	假设
H5	质量管理对制造公司生产绩效具有显著正向影响作用
H6	质量管理在精益生产与制造公司生产绩效之间起中介作用
H7	质量管理在生产技术改进与制造公司生产绩效之间起中介作用

第三节　问卷设计与测度变量

本书所涉及的 4 个主要变量精益生产、生产技术改进、质量管理和生产绩效均属“不可观测”变量，在制造公司运营中并无对应的数据支持，需要进行变量描述并转化为问卷题项，进行数据的收集。因此，本书运用问卷调查法收集了关于精益生产、生产技术改进、质量管理与制造公司生产绩效 4 个变量的相关数据，接下来，将详细阐述问卷设计以及变量度量。

一、问卷设计

为获得本书实证研究所需要的主观数据，采用问卷调查的方式采集数据。因此，本节专门针对数据获取以及量表的设计与开发进行详细说明，为之后的研究奠定一定的基础。

问卷调查是以问题形式呈现在相关群体面前，用于调查特定的社会现象。根据载体的不同，问卷调查可以分为纸质和网络两种形式，研究者可以根据不同的需求来选择问卷调查的形式。

为了保证数据的信度和效度，本书首先通过文献阅读，设计初步的问卷样本，而后结合本书对象和研究课题的特征，对相关文献中的问卷和量表进行适当修正，设计出研究变量的测量维度及相关题项。在完成对变量测量维度及相关题项的设计之后，向专家学者咨询，并进行沟通，进一步修正问卷，以确保题项具有较高的信度和效度。

在设计问卷的过程中，查阅了许多学者关于精益生产、生产技术改进、质量管理以及生产绩效 4 个变量的研究资料，并在后续不断完善问卷，在此基础上对企业的管理人员和一线员工进行问卷调查。除了企业的基本信息之外，问卷中的大多数题项都采用 Likert5 级量表进行测度，针对 Fowler 指出的造成数据结构出现偏差的 4 个原因，本书采取了以下 7 个方法。

（1）由于问卷的内容涉及一些企业比较敏感的问题，答卷人不愿明确答复。针对这种情况，会充分告知答卷人关于数据处理过程的保密措施与用途等，并签署参与研究同意书，作为双方共同合作与遵守的约定。

（2）所收集的信息和数据尽量来自最近 3 年，以避免由于答卷人发生记忆偏差而导致信息失真。

（3）为避免问题可能产生歧义而导致答卷人答非所问的偏差，在预测试过程中尽量将这些问题进行调整和备注说明，以最大限度地减少歧义。

（4）为避免同源误差，特别将问卷分为相互隔离的 3 个部分（见附录）：个人背景情况为第一部分；高科技制造公司情况为第二部分；生产绩效（因变量）相关问题测量、精益生产（自变量）相关问题测量、生产技术改进（自变量）相关问题测量、质量管理（中介变量）相关问题测量为第三部分。

（5）本书通过问卷调查的方式获得所需主观数据，主要选择福建、江苏、广东、浙江和上海等地的制造公司作为研究对象，这些地区属于我国科技比较发达的省市，可以较好地反映高科技背景下制造公司精益生产、生产技术改进、质量管理与生产绩效之间的关系。

（6）本书涉及的样本采用抽样调查方式选取。抽样调查是指从符合条件的调查目标中随机抽取部分作为样本，对这一部分样本进行调查研究，根据样本特征推断总体特征。抽样调查方法具有很多优点，如数据种类丰富、几乎不受客观条件限制、实施步骤简单且高效、成本较低、不需要大量时间等。同时，为了使调查数据更加可靠和全面，本次抽样调查主要采用主观抽样的方式，对我国科技比较发达地区的高科技制造公司进行问卷的发放，确保问卷调查者尽量涉及我国科技比较发达的各地区。

（7）本次问卷调研采用线上发放的方式，总共获得原始数据样本 425 份，其中 14 份调查问卷的答案并不完整或者答案有明显错误，将这些问卷视为无效问卷予以剔除，剩余有效问卷为 411 份，占总回收问卷的 96.71%。填写调查问卷的是制造公司基层员工、中层管理人员和高层管理人员，调查范围涉及我国 12 个省、直辖市的制造公司，包含了国有制造公司、民营制造公司和外（合）资制造公司，公司成立年限从半年到 5 年以上不等。

二、测度变量

本书主要探讨在高科技背景下精益生产、生产技术改进、质量管理与制造公司生产绩效间的关系以及质量管理的中介作用。其中，自变量是精益生产和生产技术改进，因变量为制造公司生产绩效，中介变量为质量管理。本书变量的选取和测量量表的确定主要参考了国内外的研究文献，并基于高科技背景下我国制造公司的实际情况对测量量表进行了适当的调整和修正，所有设计均符合研究需要。

本书测量量表的制定既要遵守普适性原则同时要具有自己的特点，因此调查问卷在借鉴已有的经典量表同时，又要体现研究内容和研究情境的独特性。具体步骤如下。

首先，与生产技术改进变量相关的经典量表不是很多，本书在已有研究结论、经典理论的基础上对变量进行操作化定义，并结合案例材料进一步探索生产技术改进的维度并编制题项库，咨询制造领域的专家学者、公司管理者的意见，在此基础上对量表题项进行多次调整优化，进行预调查，并根据预调查结果对测量量表进行进一步优化，最终得到符合信度分析、效度分析要求的测量量表。

其次，与精益生产和质量管理相关的测量量表较多，因此本书主要借鉴认可度较高、引用率较高的测量量表，并结合本书的研究对象、研究内容和研究情境，对精益生产和质量管理量表进行修改形成变量的测量量表。

最后，与生产绩效相关的测量量表较多，因此本书生产绩效的测量量表主要参考已有的经典测量量表，同时结合高科技制造公司的特征开发生产绩效测量量表。

本书所采用的测量量表均为Likert5级量表。根据量表的设计，本书将精益生产、生产技术改进、质量管理、生产绩效分别用LP、PT、QM和PP表示，其中，LP1、LP2、LP3分别表示公司文化、员工参与和生产环境，PT1、PT2、PT3、PT4分别表示生产设计技术改进、生产现场技术改进、生产线技术改进和生产浪费识别技术改进，QM1、QM2分别表示质量管理基础维度和质量管理核心维度，PP1、PP2、PP3分别表示财务绩效、竞争绩效和客户满意。

1. 生产绩效

已有文献基于不同的研究视角，对生产绩效所采用的度量指标也存在差异，因此对于生产绩效定义的界定缺乏一致的标准。Gregory 等（1996）以 1987—1993 年规模较小的公司或者刚刚建立的公司为例，研究发现，用效率度量生产绩效的频率最高，高达 30%；用发展度量生产绩效的频率其次，达到 29%；用财务度量生产绩效的频率有 26%；其他的维度占 15%。Covin（1991）、Venkataraman（1997）和 Bostjan 等（2001）研究发现，公司生产绩效包括发展和财务两个子维度，具体包括销售的利润率和成长率、资产收益率等，并运用这些指标度量公司生产绩效。Cooper 等（2009）将公司生产绩效分为 3 个等级：倒闭、边缘和发展。王焰迪（2017）将生产绩效分为 4 个子维度，包括财务绩效、成长绩效、客户满意和公司运行，并运用熵权法、层次分析法和功效系数法将 4 个子维度综合为一个指标，以此来度量生产绩效，并分别运用静态分析、动态分析和案例分析等方法验证精益生产对生产绩效的影响作用，研究发现制造公司实行精益生产模式可以显著提升公司生产绩效。梁金忠（2021）提出 4 个观点：第一，制造公司立足的基础是产品质量，因此产品质量也是度量生产绩效的重要因素；第二，产品的生产成本对制造公司的利润具有重要的影响，因此生产成本是度量生产绩效的重要因素；第三，如果制造公司延期交货，将导致客户流失，公司信誉受损，如果制造公司按时交货，则可以获得客户的信赖，提升制造公司的声誉，相当于免费的广告，因此按时交货对公司的生产绩效具有重要影响；第四，如果制造公司发生安全事故，将损害公司的声誉，导致延期交货和浪费，同时也威胁到公司基层员工的生命安全，因此生产安全是影响公司生产绩效的主要因素。在此基础上，梁金忠将生产绩效分为产品质量、生产成本、按时交货和安全生产 4 个维度。车帅（2022）指出，制造公司全要素生产率度量了公司的组织效率、管理水平和投入产出比值，因此，他建议用公司全要素生产率来度量公司生产绩效。

本书借鉴了 Gregory 等（1996）、Covin（1991）、Venkataraman（1997）、Bostjan 等（2001）、Cooper 等（2009）、蔡莉等（2010）、杨伟等（2011）、王铁男（2012）、王焰迪（2017）、梁金忠（2021）和车帅（2022）关于生产绩效的测量研究，将公司生产绩效分为 3 个子维度：第一，基于财务视角的生产绩效测量，已有研究文献认为产品销售收入、行业利润和经营成本是衡量生产绩效的主要指标；第二，基于竞争视角的生产绩效测量，已有研究文献认为制造公司产品质量是衡量竞争绩效的主要指标，制造公司生产的产品质量越好，其市场份额和市场占有率越高，说明制造公司的竞争力越强；第三，基于客户视角的生产绩效测量，客户是制造公司生产的重点和目标，客户对制造公司产品的认可和忠诚直接影响着制造公司的整体运营状况。本书认为客户数量和忠诚度是衡量生产绩效的主要指标，客户越多，忠诚度越大，说明公司的生产绩效越大。此外，本书作者对已有文献和案例进行了深入研究，因此对生产绩效的内涵有了更深的理解，同时与生产绩效领域相关的专家学者进行多次交流，对生产绩效量表进行了多次修正，直至见解趋于一致。

本书将生产绩效划分为财务、竞争和客户三个维度，即财务绩效（PP1）、竞争绩效（PP2）和客户满意（PP3）3 个测量指标。最终得到生产绩效的测量量表，如表 3-2 所示。

表 3-2　生产绩效测量量表

变量	维度	编号	测量题项	参考来源
生产绩效（PP）	财务绩效（PP1）	A1	近三年来公司的销售收入增长率高于行业水平	Gregory 等（1996）、Covin（1991）、Venkataraman（1997）、Bostjan 等（2001）、Cooper 等（2009）、蔡莉等（2010）、杨伟等（2011）、王铁男（2012）、王焰迪（2017）、梁金忠（2021）、车帅（2022）
		A2	近三年来公司的利润率高于行业水平	
		A3	近三年来公司的运营成本低于主要竞争对手	
	竞争绩效（PP2）	A4	近三年来产品质量高于其他竞争公司	
		A5	近三年来公司生产的产品都非常可靠	
		A6	近三年来公司生产的产品十分耐用	
		A7	近三年来公司产品出产前的产品损失率较低	
		A8	近三年来公司的市场占有率比主要竞争对手高	
		A9	近三年来公司产品市场份额保持稳定增长	
		A10	近三年来公司总体保持竞争优势	
		A11	近三年来公司的产品更加适应市场需求	
	客户满意（PP3）	A12	近三年来公司客户群一直比较稳定	
		A13	近三年来公司通过客户可以产生新客户	
		A14	近三年来公司的客户满意度水平很高	
		A15	近三年来公司的客户忠诚度很高	

2. 精益生产

通过对已有文献的归纳总结和研究发现，国内外学者分别用客观指标和主观指标来度量精益生产。其中度量精益生产的客观指标主要包括：平均库存量和最大库存量（King 和 Lenox，2001）；库存收入比（Swamidass，2007）；库存周转率（Eroglu 和 Hofer，2011）。变量精益生产具有多重属性，这些属性混合在一起界定了精益生产的内涵，因此难以用精确的客观数据直接度量（刘晓奇，2018）。于是，国内外学者基于不同的研究视角，开发设计精益生产变量量表，运用调查问卷数据度量精益生产。精益生产是一个集成的社会系统，其主要目的是通过降低供应链上客户及公司生产管理内部的一切变化来减少生产过程中不必要的浪费。因此，国内外学者分别从看板管理、准时制生产方式、全面质量管理、全员生产维护以及精益库存等角度来度量精益生产变量，但是不同的学者侧重点有所不同，具体如表 3–3 所示。

表 3–3　精益生产度量指标

年份	作者	度量指标
1996 年	Katayama 和 Bennett	准时制、全面质量管理和全员生产维护
1996 年	Schonberger	准时制、全面质量管理、全员生产维护和员工参与
2003 年	Shah 和 Ward	准时制、全面质量管理、全员生产维护和人力资源管理
2006 年	Conti 等	减少转换时间、库存浪费的减少、看板推行标志、供应商伙伴关系、持续改进项目、混合模型生产、全面质量管理、防护设计系统、全面质量维护和标准操作程序
2010 年	梁秋鸿	顾客、组织学习、创造变革、战略方向与意图、组织目的与终极目标、企业愿景、授权、团队导向、人员能力发展、协调与整合能力、一致的协议、核心价值观和组织惯例
2010 年	张洪亮	生产能力、企业管理人员和一线员工、精益改善文化和适应环境能力

续表

年份	作者	度量指标
2011 年	周武静	准时制、全面质量管理、全面预防维护和员工参与
2019 年	田登登等	启动生产、不断提升、市场适应和后期保证
2022 年	侯向英	5S 现场管理、可视化管理、看板管理、作业标准化管理、价值流图分析和 ECRS 分析

部分制造公司实施精益生产模式缺乏长期性和战略性的思考，只从生产技术层面研究精益生产，对精益生产产生了片面的认识，认为将与生产技术相关的工具整合在一起的综合系统即为精益生产，认为制造公司只要引进了与精益生产相关的技术、工具，就可以立刻实现低成本、零浪费和高收益的目标。因此，制造公司经常将精益生产的应用范围局限于生产环节，将它当作生产技术或工具的集合，忽视了精益生产模式中组织能力、管理能力等相关能力的培养，也忽视了对实施精益生产中涉及的人、生产环境、公司文化等重要因素的理解和把控。制造公司过分强调与精益生产相关的技术、工具的地位，导致精益生产在制造公司内部的重要性下降，之所以出现这种情形，其根本原因是缺乏对精益生产本质的清晰认识。精益生产本质上是一种文化也是一种理念，它可以通过公司管理人员、一线员工以及公司本身持续的学习、持续的自我提升，促进员工个人、制造公司和整个社会的共同进步、共同发展。对于精益生产模式中蕴含的文化力量已经被部分学者所重视并进行了深入研究，研究发现浓厚的公司文化、员工的积极参与和良好的生产环境是制造公司成功实施精益生产、提升精益实施能力、长期保持精益改善效果的必要条件。

（1）公司文化。

Koole（2005）研究发现，精益生产外在表现为对生产过程和生产环境中存在的问题进行不间断的优化，同时对生产过程中存在的浪费现象予以清除，但是精益生产的内在核心是组织的学习能力。部分制造公司忽略了支撑精益生产的组织学习文化，而过分注重精益生产中的技术与工具。Koole 研究发现，支撑精益生产的组织学习文化主要包括构建企业和员工之间的平等信任关系、在企业中形成高效且标准化的沟通渠道、员工有改变自己工作方式的勇气、生产线作业方式的改变要及时反映等。

下面分别从 3 个方面阐述精益生产的公司文化维度。

第一，制造公司应将精益生产看作战略性工程。部分制造公司在实行精益生产的过程中并未形成全员参与、企业整体的气氛，只是在生产某个过程中取得部分成绩。精益生产模式应是全员参与和企业整体的生产体系，虽然精益生产包含“生产”，但它并不是一种生产技术，其本质是一种管理理念和文化。因此，精益生产的应用应基于战略层面，在企业的各个部门、各个层次甚至整个供应链进行，不能仅仅局限在生产技术环节。Womack、Dampier（1996）基于理念和文化的角度阐述了精益生产的内涵，并指出制造公司应将生产模式从大批量生产向精益生产模式过渡，建立杜绝浪费、降低生产成本的精益思想。

第二，公司高层管理者对待精益生产方式的态度。追求持续改善是精益生产文化的重要组成部分，持续改善指公司中每一天都应该有某种形式的改善发生，因为持续改善可以促使制造公司更好地适应生产环境的变化，以更有效的方式满足客户需求。Deming 认为，如果缺乏持续改善的精神，制造公司就很难持续生存。因此，制造公司管理层应在公司内部建立持续改善的文化氛围。

第三，公司应充分信任员工并积极听取员工的意见。Liker（2004）

研究发现，公司文化和精益生产之间存在密切的关系，并指出日本丰田汽车公司精益生产理念影响着公司所有员工，他认为制造公司应充分信任公司员工并积极听取公司员工的建议。丰田汽车公司前社长张富士夫、技术总监林南八等人也重点强调了公司员工对于丰田汽车公司的重要性。Lander（2007）对员工和丰田汽车公司之间的关系进行了重点研究，指出员工和企业之间具有相互影响、相互信任的关系，并发现此种关系是丰田汽车公司实行精益生产的前提条件。

（2）员工参与。

日本丰田汽车公司的精益生产文化不仅仅是生产方式、方法和工具，精益生产文化还特别重视人才的培养（Liker 和 Hoseus，2009）。

下面分别从 6 个角度阐述精益生产的员工参与维度。

第一，制造公司将员工看作公司中最具价值的资源。日本丰田汽车公司非常重视对员工的培养，不仅仅局限在知识层面，而是扩展到对员工的思维、求知欲和思想等方面的培养。Lander（2007）研究发现，员工是丰田汽车公司最有价值的资源，并指出企业对员工的培养、教育应予以重视。

第二，基于团队视角。丰田汽车公司的团队合作包括 3 个阶段：工作小组—质量圈—模块化开发小组。丰田汽车公司之所以实行团队合作，主要原因在于通过团队合作解决问题的效率更高，并且能够优化员工之间的协同效应。团队合作并不是个人工作效率的简单叠加，而是要实现“1 + 1 > 2”的工作效率。丰田汽车公司积极实施企业部门的扁平化，部门层级减少使信息的传递速度更快、更准确，有利于团队合作，员工直接接触问题，提升解决问题的效率。

第三，制造公司应为员工制定规范的职业规划。Drucker 认为，在公司所拥有的资源中，最具价值的就是人，公司实行有效管理最主要的原因就是充分发挥人的潜力，从而提升企业生产绩效。丰田汽车公司前社长张富士夫也高度重视人的作用，表示丰田汽车公司要想造出好车，必须先培养好人。由此可见，员工对公司的发展具有重要影响作用，在公司中占有主要地位。因此，精益生产作为制造公司重要的发展战略，公司员工的奉献和努力工作是成功的必然条件。同时，制造公司应将员工的主观能动性充分调动起来，充分地信任员工，为员工制定合理、科学的职业规划，为员工的发展提供坚实的平台和基础，激发员工参与企业改进的意识，赋予员工参与企业管理决策的权利，构建以人为本的企业文化。

第四，基于员工工作环境视角。为了体现以人为本的公司文化，制造公司首先应为员工提供清洁安全的工作场所。丰田汽车公司为员工提供的工作环境，不仅干净，有舒适的温度和充足的阳光，而且非常安全。安全一直是丰田文化的重要内容之一，为此丰田汽车公司给员工制定了科学合理的安全制度，主要包括符合人体工程的安全岗位，针对可能出现的风险预先排除，风险演习，培养员工的心理安全感，营造安全、尊重人的环境。

第五，鼓励公司员工提出有利于公司发展的对策建议。丰田汽车公司倡导“好产品、好主意”，鼓励员工提供合理化建议，激发员工参与优化公司的管理、生产等一切运营活动，促进精益生产的不间断优化，以此来降低生产成本、提升产品质量，在激烈的世界机动车市场上获得竞争优势。同时，可以更好地发挥员工的积极性和主观能动性，持续改进重复性生产流程。

第六，公司对不同岗位员工提供相应的培训。丰田汽车公司不仅为公司员工提供岗前技能和人力资源政策培训，而且还有在职培训和个人自主培训，员工培训按照计划、执行、检查、处理等 4 个步骤来完成。丰田汽车公司不仅对一线员工进行培训，对公司管理层也制定了周密的培训计划。

（3）生产环境。

制造公司与生产环境之间存在密切的关系。一方面，制造公司生产所需要的原材料、人力和物力均依靠生产环境；另一方面，生产环境的持续变化又对制造公司的生产产生显著影响作用。因此，制造公司应对生产环境的变化进行战略调整，并积极构建与生产环境之间的战略合作伙伴关系。

下面分别从5个方面阐述精益生产的生产环境维度。

第一，制造公司应具有满足客户需求的能力。日本丰田汽车公司的目标是公司生产与生产环境、员工、客户和供应商之间建立和谐、共同发展的关系，因此丰田汽车公司在做大做强的过程中适应生产环境的能力越来越强，克服了破产危机、两次石油危机、消失的十年等困境，并建立了丰田生产方式，该生产方式具有小批量和多品种等特征。因此，制造公司成功实行精益生产的重要条件之一是它的生产环境适应能力，其原因主要有：生产环境的持续变化会影响制造公司的生产战略，因为生产环境的变化会导致制造公司生产的产品被迫进行调整；生产环境的持续变化会导致精益生产思想、方法和内涵发生显著变化。

第二，制造公司与客户之间应具有有效沟通渠道。日本丰田汽车公司实施的精益生产模式主要是将以人为本、降低运行成本、满足客户需求作为主要目标。Zimmer（2000）对实施精益生产模式的制造公司和实施传统生产模式的制造公司进行了对比分析，研究发现，实施传统生产模式的制造公司，针对需求变化的调整能力很差，而实施精益生产模式的制造公司，由于是小批量、多品种生产，所以针对需求变化的调整能力很强。因此，实施精益生产模式的制造公司可以更好地适应客户需求。Shah（2007）将制造公司分为实施精益生产模式和未实施精益生产模式两种类型，运用方差分析实证模型，研究制造公司实施精益生产模式的影响因素，研究发现，两种类型的制造公司在客户满意、竞争对手和员工参与等方面在5%显著性水平下具有显著差异，实施精益生产模式的制造公司与客户交流的频率更高、间隔时间更短、沟通更及时，双方的交流更有效，可以更好地满足客户需求。同时Shah对实施精益生产模式的制造公司、客户和供应商的关系进行了深入研究，研究发现，如果制造公司想要实行精益生产，就应与客户、供应商建立广泛的战略合作伙伴关系，与客户建立密切的关系可以掌握客户的最新需求和未来的发展趋势，而与供应商建立密切的联系可以实现制造公司的均衡生产和拉动式生产。

第三，公司应与供应商之间建立战略协作伙伴关系。制造公司实施精益生产模式，需要与供应商建立良好的合作伙伴关系。Christopher指出，未来制造公司之间的竞争主要集中在供应端，制造公司实行精益生产需要供应商的支持和配合，应与主要供应商建立战略合作伙伴关系，并要求制造公司与供应商之间实现信息共享、相互依赖的关系，制造公司应对主要的供应商进行相应的指导，这样制造公司就可以得到符合质量要求的、及时的、适量的原材料，提升制造公司生产效率，实现“1 + 1 > 2”的双赢局面。Hall和Mark（1992）研究发现制造公司的生产成本有将近50%属于采购成本，指出企业实施精益生产模式的主要因素之一是供应商和企业的关系是否和谐，建议制造公司应将供应商看作制造公司生产的一部分。Faisal Badi Al-khateeb（1999）在精益生产背景下构建了制造公司、客户和供应商三者之间的实证模型，实证结果表明，制造公司、客户和供应商之间只有建立良好的战略合作伙伴关系，制造公司才能降低生产成本，提升公司生产绩效。Simchi-Levi等（2000）将制造公司和供应商的关系分为4个等级，发现企业和供应商的关系处于最优级别时，企业可以邀请供应商共同参与产品设计，这样对制造公司精益生产的顺利实施具有关键作用。同时制造公司与供应商建立战略合作伙伴关系后，可以保障原材料的质量、降低采购成本和生产成本、缩短产品开发时间，从而提升产品技术含量。Barad 和 Spair（2003）发现，与欧美等国家汽车制造公司和供应商之间的关系相比，日本丰田汽车公司和供应商之间的关系更为可靠，基于这种现象，Barad 和 Spair 进行了深入研究，研究发现，由于日本丰田汽车公司实行了精益生产，因此与未实行精益生产的制造公司在供应商的供应方式、供应商数量和供货周期等方面均存在显著差异。Liker（2004）认为制造公司实施精益生产方式应遵守 14 条管理原则，其中一条原则要求制造公司重视与供应商的伙伴关系，并指出如果制造公司依靠压榨供应商来提升生产绩效，将严重违反了精益生产思想。

第四，制造公司应保护生态环境。在 20 世纪 70 年代爆发了第三次石油危机，日本丰田汽车公司敏锐地觉察到未来汽车行业的趋势应是新能源、小排量汽车，这样的汽车更适应生态环境。因此，丰田汽车公司将新能源、小排量汽车作为首选，成功进入美国汽车市场，并打败了通用、福特和克莱斯勒等美国汽车公司。日本丰田汽车的基本理念是生产的汽车清洁、安全，和生态环境和谐共存，创造一个富裕、安全和舒适的生活环境。1998 年日本丰田汽车公司成立了绿化研究所，致力于将绿色植物用于汽车配件。目前，丰田汽车公司已经从绿色植物中提取出生物塑料，用于替代传统塑料，不仅可以减少二氧化碳的排放，还节约了石油资源。由此可知，日本丰田汽车公司做大做强的原因之一是将公司发展和生态环境融合在一起。Gary Andrew O’Dell（2003）以美国肯塔基、印第安纳等 4 个州的日本制造公司为研究对象，基于生态环境视角，研究制造公司精益生产对生产绩效的影响作用，研究发现日本制造公司实行精益生产模式，可以提升公司生产效率，进而提升制造公司竞争力和生产绩效，因此日本制造公司制造的产品可以打入欧美市场。Gary Andrew O’Dell 对日本制造公司与美国制造公司进行了对比研究，研究发现，日本制造公司在碳排放、污水排放等环境指标上均低于美国制造公司。

第五，构建公司与社区的和谐关系。丰田文化并不仅仅包含员工、公司以及二者之间的关系，其特别之处在于包含了其他利益相关者。丰田汽车公司将一个企业是否重视企业生产绩效的外部影响因素，作为评判一个企业在内外关系方面是否成熟的标准。丰田汽车公司对社区的投入主要包括提供资源和提供资金两种方式，鼓励公司所有团队成员与社区构建和谐的互助关系，并积极主动地融入社区。

通过以上的总结分析可以得出，对于精益生产的测量主要是从文化、员工和环境三个维度进行的。本书参照 Hall 和 Mark（1992）、Faisal Badi Al-khateeb（1999）、Zimmer（2000）、Simchi-Levi 等（2000）、Gary Andrew O’Dell（2003）、Barad 和 Spair（2003）、Liker（2004）、Koole（2005）、Conti 等（2006）、Shah（2007）、张洪亮（2010）、梁秋鸿（2010）、周武静（2011）、侯向英（2022）等人的研究结论和上一章对精益生产的理论分析，基于精益生产对生产绩效的影响作用进行理论推导，结合已有文献和案例，深入研究分析精益生产的内涵，通过与精益生产领域专家学者进行探讨分析，对度量量表进行多次调整，最终结论趋于相同。

本书从公司文化、员工参与和生产环境三个维度界定精益生产，采用 16 个测量题项对精益生产进行测定，最终得到精益生产能力的测量量表，具体如表 3-4 所示。

表 3-4　精益生产测量量表

<table>
<tr><th>变量</th><th>维度</th><th>编号</th><th>测量题项</th><th>参考来源</th></tr>
<tr><td rowspan="16">精益生产（LP）</td><td rowspan="5">公司文化（LP1）</td><td>B1</td><td>公司坚决实施精益生产方式</td><td rowspan="16">Hall 和 Mark（1992）、Faisal Badi Al-khateeb（1999）、Zimmer（2000）、Simchi-Levi 等（2000）、Gary Andrew O' Dell（2003）、Barad 和 Spair（2003）、Liker（2004）、Koole（2005）、Conti 等（2006）、Shah（2007）、张洪亮（2010）、梁秋鸿（2010）、周武静（2011）、侯向英（2022）</td></tr>
<tr><td>B2</td><td>公司与员工之间充分信任</td></tr>
<tr><td>B3</td><td>公司积极采纳员工提出的合理化建议</td></tr>
<tr><td>B4</td><td>公司积极改进传统生产技术</td></tr>
<tr><td>B5</td><td>公司将精益生产看作战略性工程</td></tr>
<tr><td rowspan="6">员工参与（LP2）</td><td>B6</td><td>公司将员工看作公司中最具价值的资源</td></tr>
<tr><td>B7</td><td>公司存在不同类型的合作团队</td></tr>
<tr><td>B8</td><td>公司鼓励员工提出合理化建议</td></tr>
<tr><td>B9</td><td>公司为关键岗位员工制定职业规划</td></tr>
<tr><td>B10</td><td>公司为员工提供健康安全的工作环境</td></tr>
<tr><td>B11</td><td>公司对不同岗位员工提供相应的培训</td></tr>
<tr><td rowspan="5">生产环境（LP3）</td><td>B12</td><td>公司具备适应市场需求的能力</td></tr>
<tr><td>B13</td><td>公司与客户之间具有有效沟通渠道</td></tr>
<tr><td>B14</td><td>公司与供应商之间建立战略协作</td></tr>
<tr><td>B15</td><td>公司生产不破坏生态环境</td></tr>
<tr><td>B16</td><td>公司与社区共享自己的价值观</td></tr>
</table>

3. 生产技术改进

高科技制造公司的典型特征是为提升客户满意度而给客户提供高科技含量和高质量的产品和服务，以此来提升制造公司的竞争力和生产绩效。高科技制造公司生产具有小批量、多品种等特征，其生产过程主要通过改进生产设计技术、生产现场技术、生产线技术、生产浪费识别技术等方面进行生产技术改进，以此来消除生产过程中的浪费，提升制造公司的生产效率。

关于生产技术改进的测量，国内外不同学者给出了不同的度量指标。Burgess 和 Gules（1998）分别用硬技术指标和软技术指标来度量生产技术改进。Swamidass 和 Kotha（1998）分别基于信息共享、策划技术、设计技术、自动化技术和柔性技术等 5 个视角来度量生产技术改进。Boyer 和 Pagell（2000）分别基于设计技术、生产过程和管理过程等 3 个指标来度量生产技术改进。李晓明等（2004）分别从基础技术、系统方法和战略规划等 3 个维度来度量生产技术改进，其中基础技术包括制造技术、设计技术和管理技术 3 个子维度，系统方法包括制造方法、设计方法和管理方法 3 个子维度，战略规划包括目标、地位和影响因素 3 个子维度。已有研究文献针对不同制造行业构建的生产技术改进指标并不相同，例如，机器人制造公司使用人工智能技术的可能性更大，但其他制造业公司不一定会大量使用。由于不同制造公司度量生产技术改进的指标并不相同，因此，Tracey 等（1999）指出，生产技术改进的指标应尽量选择共性指标。陈忠谊和阮爱清（2020）以高科技制造公司为研究样本，研究发现有效提升生产技术改进能力的路径为：加强公司合作创新；创新研发模式；避免规模不经济。

本书将分别从设计视角、现场视角、生产线视角和生产浪费识别视角分析生产技术改进度量指标，具体如下。

第一，基于设计视角。Clark（1986）以日本、美国和欧洲的汽车制造公司为研究对象，研究发现欧洲和美国生产一辆轿车需要 300 万个工时，从汽车的设计到将汽车提供给客户需要 60 个月，而日本汽车制造公司生产复杂程度同等的汽车只需要 170 万个工时和 46 个月，远远低于欧洲和美国的汽车制造公司。为了探寻欧美和日本汽车制造公司存在差距的原因，Clark 进行了深入研究，研究发现，欧美等国的汽车制造公司实施的是大批量生产方式，而日本汽车制造公司则实行的是生产技术改进，因此双方在产品研发、信息传递、公司管理层工作方式和公司团队的构建等方面存在显著差异。Womack 等（2015）指出，传统的生产模式总是采取事后检验的方式，寻求生产产品的优化方案，但这种方式的优化结果并不是最佳的，因此，制造公司应改变理念，将生产技术改进运用到设计阶段，实现从设计阶段提升产品质量、提升生产效率、消除生产浪费现象。

第二，基于现场视角。日本丰田汽车公司员工都要遵守“三现主义”的原则，即现时、现物和现场。远藤功（2007）将制造公司进行生产现场技术改进称为现场力，指出制造公司实行生产现场技术改进可以提升公司生产绩效，并提出制造公司实行生产现场技术改进的前提条件：坚持持续改进；发挥生产现场的力量；积极主动地承担应该承担的责任；发挥团队力量；在生产现场拥有主动权；公司的组织管理结构透明；构建自主循环系统。

第三，基于生产线视角。通过对已有文献研究发现，基于生产线的生产技术改进在很大程度上就是将传统生产技术和现代数字技术相结合，将传统的生产线进行改进后，具有数据处理能力快速准确、频繁使用人工智能等现代技术、自动化程度高、柔性强、实时控制等特点。丰田喜一郎指出，基于局部单个环节视角，大批量生产方式比小批量生产方式具有更高的效率，但是基于整体视角来看，大批量生产方式并不是效率最高的生产方式，因为制造公司采用大批量生产方式，会导致制造公司的流动资金被大量占用。因此，丰田喜一郎将丰田汽车公司的生产线技术进行改进，构建小批量生产系统，该系统可以消除生产浪费、缩短生产周期、提升资金周转效率、提升客户满意度。同时丰田汽车公司构建了内建质量制度，该制度与传统生产线生产技术不同，传统生产线生产技术是采用事后检测的方式保证产品的质量，而事前检测是内建质量制度的核心，即每一个生产环节都是前一个生产环节的客户，是后一个生产环节的供应商，因此，本环节必须提升生产质量，这样才能满足下一环节的需求。生产线技术改进具有如下优点：提升产品质量；降低返修率；降低成本；持续改善生产线。Zimmer（2000）将实行生产技术改进的制造公司和实行传统生产技术的制造公司进行了比较分析，研究发现将生产线技术改进后，生产批量减小，生产的每一环节均保证了产品质量，而不需要采用事后检验的方式，产品生产周期缩短，资金周转速度较快。

第四，基于生产浪费识别视角。高科技制造公司实现生产高质量产品、运行成本较低、生产周期较短的关键因素之一是消除生产浪费，生产浪费主要包括增加无效生产时间、生产活动并不创造价值、生产成本较高等，而客户是否愿意为此生产活动进行支付是判断生产浪费与否的标准。Pavnaskar（2003）指出，不应运用局部片面的观点理解生产技术改进，应基于整体的视角研究生产技术改进，并发现生产技术改进不仅缩短了生产周期，而且可以识别、评估和消除生产过程中存在的浪费。大野耐一（2006）将生产浪费分为等待时间过长导致的浪费、残次产品造成的浪费、库存过多造成的浪费、库存不足造成的浪费、加工过程造成的浪费、搬运造成的浪费和生产过程造成的浪费等。Lander（2007）发现，制造公司生产过程的平稳性和可预测性可以降低生产浪费水平、保证生产计划按时完成，二者是丰田汽车公司成功的关键因素。其中，生产过程的平稳性主要包括制造公司生产过程平稳、客户订单平稳、供应商供应的原材料平稳、政府的政策不发生大的改变等；生产过程的可预测性是指制造公司可以准确预测将要生产产品的数量和质量。

通过以上的总结分析可以得出，对于生产技术改进的测量主要是从设计、现场、生产线和生产浪费识别 4 个维度进行的。本书参照 Clark（1986）、Burgess 和 Gules（1998）、Swamidass 和 Kotha（1998）、Tracey 等（1999）、Boyer 和 Pagell（2000）、Zimmer（2000）、Pavnaskar（2003）、李晓明等（2004）、远藤功（2007）、Lander（2007）、Womack 等（2015）、陈忠谊和阮爱清（2020）等人的研究和上一章对生产技术改进的理论分析，结合已有研究和案例分析，进一步研究生产技术改进的内涵，并多次和生产技术改进领域专家学者进行探讨分析，对度量量表进行多次调整，最终结论趋于相同。

本书从生产设计技术改进、生产现场技术改进、生产线技术改进及生产浪费识别技术改进 4 个维度对生产技术改进进行测量，采用 25 个测量题项对生产技术改进进行测定。最终得到生产技术改进能力的测量量表，如表 3-5 所示。

4. 质量管理

与精益生产、生产技术改进和生产绩效等变量相比，学术界对质量管理研究较少，对于质量管理度量评价指标的研究并不完善。已有文献测量质量管理主要基于两种视角：一种是基于质量管理的内涵和概念制定度量指标，在此基础上设计度量量表和调查问卷对质量管理进行度量；另一种是运用制造公司客观财务指标来度量制造公司的质量管理水平。

表 3–5　生产技术改进测量量表

变量	维度	编号	测量题目	参考来源
生产技术改进（TP）	生产设计技术改进（TP1）	C1	新厂房选择考虑物流成本及原材料的配送	Clark（1986）、Burgess 和 Gules（1998）、Swamidass 和 Kotha（1998）、Tracey 等（1999）、Boyer 和 Pagell（2000）、Zimmer（2000）、Pavnaskar（2003）、李晓明等（2004）、远藤功（2007）、Lander（2007）、Womack 等（2015）、陈忠谊和阮爱清（2020）
		C2	设备布局应采用成组技术	
		C3	产品设计采用并行工程	
		C4	流程设计阶段应考虑单件流、U形生产线	
	生产现场技术改进（TP2）	C5	标准作业规范完整、严格执行	
		C6	5S 严格贯彻执行	
		C7	颜色管理应用积极	
		C8	安灯、布告板等目视技术应用充分	
		C9	积极应用防错技术	
		C10	全员参与设备维护	
		C11	物料及时、按质配送	
		C12	货物配送采用混装方式	
		C13	车间配置高水平的工位器具，提高物料活性	
	生产线技术改进（TP3）	C14	订单拉动生产	
		C15	产品按均衡化方式进行生产	
		C16	应用快速换模技术使生产具有较强的柔性	
		C17	应用计算机技术提高制造柔性	
		C18	公司生产自动化程度较高	
		C19	产品的批量应尽量缩小	
		C20	在生产系统中应用了实时过程控制系统	
		C21	制造系统中的信息处理能力在行业内处于领先水平	
	生产浪费识别技术改进（TP4）	C22	公司充分运用价值流分析技术	
		C23	公司恰当运用人机操作分析	
		C24	公司合理运用工序分析	
		C25	公司运用计算机仿真技术分析流程中的浪费	

Bowen 和 Lawler（1992）研究发现，影响质量管理的主要因素是人，因此，他们建议制造公司应以客户和员工为中心，鼓励员工积极参与制造公司的决策，赋予员工更大的决策权，并给予员工相应的培训。Youssef（1994）认为，质量管理子维度为公司在推行质量管理时有显著影响且公司特别注意的活动。Flynn 等（1994）将质量管理分为生产过程、事前维护和生产现场 3 个维度。Flynn 等（1995）第一次将质量管理分为基础维度和核心维度，其中基础维度包括公司管理层的支持，企业、员工、供应商和顾客之间都要具有良好的关系，这些子维度都属于制造公司的社会性和非机制性范畴；核心维度包括生产过程管理、采用统计和信息技术控制生产过程和产品设计，这些子维度都属于生产技术性、非社会性和机制性范畴，因此，核心维度主要用于制造公司生产环节、过程管理、工具和生产技术的度量。Flynn 等构建的研究框架被国内外众多学者所采用，在此基础上，Wilkinson 将质量管理分为硬维度和软维度，其中软维度主要与制造公司的管理过程相关，而硬维度则是与制造公司生产技术相关的因素，例如统计过程分析控制质量信息，体现出了质量管理专家对生产的定位。硬维度通常被定义为符合企业规定的质量管理标准，应运用恰当的工具和技术来操控产品和生产过程。Rommel 等（1998）将质量管理分为最低、较低、中等和最高 4 个级别，4 个级别分别对应着检验级、保证级、预防级和完备级，并指出质量管理水平对应着相应的等级。Prajogo 和 Sohal（2001）将质量管理分为机制性和机械性两个维度，并发现质量管理的机制性维度对制造公司创新起负向影响作用，而质量管理的机械性维度对制造公司创新起正向影响作用。Ho 等（2001）将制造公司质量管理分为基础维度和核心维度，其中基础维度包括员工培训、制定质量战略、公司管理层的支持等，核心维度包括生产信息、供应链管理、生产过程和产品设计，并指出基础维度包含的二级维度主要属于技术和非工具范畴，且基础维度的二级维度有助于制造公司更好地运用工具和技术。Yeung 等（2003）以我国香港地区的制造公司为研究对象，将质量管理系统分为未开发、框架式、适应式和战略式 4 类，并发现 4 类质量管理系统对生产绩效的影响作用差异明显。Rahman 等（2005）将质量管理分为软维度和硬维度，其中软维度包括团队的培训和构建、员工的积极参与，硬维度包括生产技术的运用和改进，并指出质量管理软维度对质量管理硬维度具有显著正向影响作用。在 Rahman 等研究结论的基础上，Lakhal 等（2006）认为，质量管理维度之一为公司管理层支持；Choo 等（2007）将质量管理的子维度界定为生产技术和生产环境；Gadenne 等（2009）将质量管理分为供应商支持、员工管理和培训、客户支持等软维度，产品设计、不断完善、信息分析等硬维度。Lee 等（2010）将马来西亚电子制造公司作为研究目标，发现质量管理包括 6 个子维度，具体为企业领导能力、战略制定、用户黏性、数据挖掘、人才培养和流程管理。Zeng 等（2015）认为，过程管理和信息分析是质量管理硬维度中最重要的两个子维度。

通过对已有相关文献的深入分析，发现 Flynn 等的研究结果是已有学者界定质量管理维度的主要理论依据，例如，奉小斌（2015）、奉小斌和陈丽琼（2016）、宋永涛和苏秦（2016）、Kanapathy 等（2017）等。马倩（2019）以我国 144 家装备制造公司为研究对象，运用 SEM 模型，研究了领导力、供应商、研发设计、过程管理和售后服务等对质量绩效的影响作用。本书对于质量管理的测量，沿用 Flynn 等的划分方法，将质量管理分为基础维度和核心维度，其中基础维度主要包含公司管理层、公司员工、供应商和客户 4 种视角。

第一，制造公司管理层视角。公司管理层要积极主动参与质量管理，应做到以下 4 点：承担主要的产品质量责任；设定产品质量目标；在公司内部构建质量优先的公司文化；鼓励一线员工主动参与质量管理并为其提供必需的资源。

第二，制造公司员工视角。员工是制造公司运作的行为主体，对制造公司平稳运行具有重要的影响作用。员工在持续提升产品设计、过程管理和产品质量等方面具有重要作用，具体表现在：在产品设计方面，员工经常提出合理的建议；在生产环节方面，员工对产品制造、设备操作等提出合理的建议。公司员工在参与公司质量管理过程中，不仅要保持积极乐观的心态，而且要持续提升自身技能，这就需要不断地参加各种培训、教育和学习。当员工技能持续提升，掌握的知识持续增加，就使得制造公司的生产过程、生产设备越来越依赖于员工，因此员工对产品质量、生产绩效具有重要影响。此外，还要加强对公司员工主人翁责任感和荣誉感方面的培养，当制造公司对员工的贡献和能力认可程度越来越强时，员工的社会荣誉感和自豪感也会持续增加，对制造公司的运行将产生更大的影响作用。

第三，供应商视角。制造公司高层领导要重视与供应商之间的关系。为了最大限度地保证原材料的质量和稳定，制造公司应将质量作为选择供应商的第一标准，同时供应商数量不宜过多，要保持稳定且长期的合作关系。

第四，客户视角。制造公司不仅要与客户保持密切的联系，同时要了解客户的需求，只有充分了解客户的需求，才能生产出满足客户需求的产品，提升公司产品的质量。可以让客户参与到公司生产、管理过程中，及时收集客户信息，在产品的各个细节中体现客户需求。杨晓曦（2019）指出，制造公司实行积极的质量管理可以提升客户满意度。质量管理的核心维度包含生产过程、产品设计和信息分析 3 种视角：一是生产过程视角。制造公司要加强对生产过程的管理，我国制造公司针对生产过程管理的措施包括维护、保养和升级生产设备，将操作步骤和生产过程规范化，将生产工具进行质量改进，对生产过程进行经常性检测。二是产品设计视角。为提升产品设计水平，制造公司应采取以下措施：产品设计过程应由多部门联合参与；产品设计过程应考虑多方面因素，例如成本、技术等；成品之前要经过反复的实验，直到完全符合设计初衷；顾客合理需求一定要体现在产品设计中。三是信息视角。数字技术和信息技术具有众多优点，例如柔性强、数据分析能力强、具有较高程度的实时控制等，因此制造公司应大量运用数字技术和信息技术，并将其融入生产技术。制造公司运用数字技术和信息技术提升公司质量管理水平的措施主要有：广泛应用统计知识来改进流程和减少过程偏差；建立有效的绩效测量系统来跟踪公司的生产绩效；为公司相关人员及时提供信息。

通过以上的总结分析可以得出，对于质量管理的测量主要是从顶层设计、客户导向、员工管理和供应商管理 4 个基础维度，过程管理、信息分析和产品设计 3 个核心维度进行的。本书基于我国高科技制造公司的特点，综合考虑 Bowen 和 Lawler（1992）、Flynn 等（1994）、Flynn 等（1995）、Prajogo 和 Sohal（2001）、Ho 等（2001）、Yeung 等（2003）、Rahman 等（2005）、Lakhal 等（2006）、Choo 等（2007）、Gadenne 和 Sharma（2009）、Zeng 等（2015）、奉小斌（2015）、奉小斌和陈丽琼（2016）、宋永涛和苏秦（2016）、Kanapathy 等（2017）的研究内容和上一章对质量管理的理论分析，结合已有研究和案例分析，进一步理解质量管理的内涵，并多次向质量管理领域专家学者讨教，将质量管理测量量表进行多次调整，直到达成一致意见。

本书从顶层设计、客户导向、员工管理、供应商管理 4 个基础维度，过程管理、信息分析和产品设计 3 个核心维度对质量管理进行测量，采用 28 个测量题项对质量管理进行界定。最终得到质量管理的测量量表，如表 3-6 所示。

表 3-6　质量管理测量量表

变量	维度	编号	测量题目	参考来源
质量管理（QM）	顶层设计（QM1）	D1	公司管理层积极参与到质量改进活动中	Bowen和Lawler（1992）、Flynn等（1994）、Flynn等（1995）、Prajogo和Sohal（2001）、Ho等（2001）、Yeung等（2003）、Rahman等（2005）、Lakhal等（2006）、Choo等（2007）、Gadenne和Sharma（2009）、Zeng等（2015）、奉小斌（2015）、奉小斌和陈丽琼（2016）、宋永涛和苏秦（2016）、Kanapathy等（2017）
		D2	公司管理层提供必要的资源以支持质量活动的开展	
		D3	公司管理层承担相应的质量责任	
		D4	公司管理层将质量改进作为提升生产绩效的主要手段	
	客户导向（QM2）	D5	公司将客户需求融入产品开发过程	
		D6	公司开展市场研究以调查客户的需求和期望	
		D7	公司定期考察客户的满意度和忠诚度	
		D8	公司制定了解决客户投诉和抱怨的有效流程	
	员工管理（QM3）	D9	公司经常对员工进行包括质量工具和质量方法在内的培训	
		D10	公司鼓励员工完全参与到公司运营中	
		D11	公司重视员工提出的质量和生产等方面的建议	
		D12	公司员工对自身的工作负责，并进行自我监督与检查	
	供应商管理（QM4）	D13	公司与供应商保持长期合作关系	
		D14	质量是公司选择供应商的重要标准	
		D15	公司主要依靠固定的供应商供货	
		D16	公司会对供应商提供技术支持	
	过程管理（QM5）	D17	公司具有标准化的流程和操作步骤来规范员工的工作	
		D18	为保证和提高产品质量，公司的主要设备是先进的	
		D19	公司经常对原料、制品、成品和流程等进行监测	
	信息分析（QM6）	D20	公司广泛应用统计知识来改进流程和减少过程偏差	
		D21	公司建立有效的绩效度量系统来监测公司生产绩效	
		D22	公司能够为相关人员及时提供信息	
	产品设计（QM7）	D23	公司管理层定期审查生产绩效，并将其作为决策的依据	
		D24	公司经常与行业中的标杆公司进行对比分析	
		D25	公司在产品开发时会充分考虑顾客需求与反馈信息	
		D26	公司多个部门共同参与产品开发，相互协调	
		D27	公司在产品设计时会充分考虑技术、成本等因素	
		D28	产品要在生产和销售前反复实验，并进行全面审查	

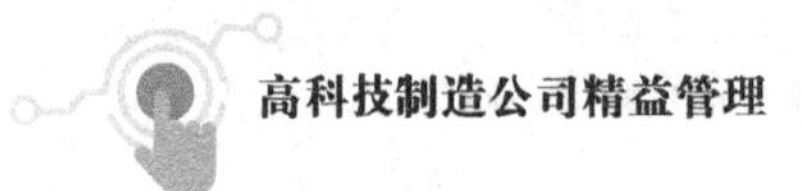

第四节　数据收集与分析方法

本节首先阐述了问卷数据的收集状况，其次阐述了本书使用的统计分析方法，包括描述性统计分析、信度分析、效度分析、相关性分析和回归分析，为本书实证研究的展开奠定基础。

一、数据收集

为了确保本书研究的准确性，调查问卷的发放严格遵循客观、均衡的原则，最大限度地减少可能产生误差的干扰因素，尽可能提高问卷的有效性，进而提高获取数据的质量。

本书主要针对高科技制造企业，因此问卷发放选取的都是科技较为发达的地域，如北京、上海、广东等地，以尽可能多地获取问卷数据。问卷的发放对象主要是制造企业的中高层管理者和一线员工，中高层管理者对企业的管理层面了解得更全面，而一线员工对企业的生产层面了解得更全面，这也可以使得本书的调查数据更加可靠、精确。发放渠道一般包括现场直接发放问卷和利用网络发放问卷，本书主要采用网络发放问卷的方式，直接将网址发给符合条件的高科技制造企业，填写者通过微信朋友圈或者问卷星直接在网上进行问卷填写，提交后问卷结果会直接保存在服务器中。但由于问卷的内容比较专业，收回的问卷完整性和有效性十分有限。在测量题项设计时，首先避免问卷内容涉及隐私问题，并承诺相关的数据仅用于学术研究而不会用于商业活动，同时承诺采用不记名的方式回收数据。借鉴 Armstrong 的样本无回应偏差方法，本次调查问卷结果显示未经催收的样本回复问卷与催收样本的回复问卷不存在显著性的差异，因此，样本不存在无回应偏差。本次调查共回收问卷 425 份，有效问卷 411 份，有效率为 96.71%，如表 3-7 所示。

表 3-7　问卷统计

发放方式	回收问卷数	有效问卷数	有效率
现场填写	57	52	91.23%
网络发放	368	359	97.55%
合计	425	411	96.71%

二、分析方法

本书采用统计软件 SPSS24.0 作为分析工具，采用的方法包括描述性统计分析、变量的信度和效度分析、相关性分析和回归分析等。

1. 描述性统计分析

描述性统计是指通过制表、计算等方式对数据特征进行描述的各项活动。本书运用描述性统计分析的主要目的是对样本数据进行总体情况分析，其中分析内容主要包含调查对象所属企业的区域分布、企业性质、企业行业归属、企业人员规模等，用来分析回收的样本数据是否符合研究的要求。

2. 信度分析

信度，顾名思义，即为调查问卷的可信程度，信度分析主要用来度量调查问卷题项的稳定性和一致性。本书运用 CITC 值和 Cronbach's Alpha 系数进行信度分析。当 CITC 数值低于 0.4 时，可考虑将对应题项进行删除处理。删除项后的 Cronbach's Alpha 系数值指标用于判断题项是否应该做删除处理，如果高于 Cronbach's Alpha 系数值，可考虑将对应题项进行删除处理。Cronbach's Alpha 系数一般大于 0 小于 1。当调查数据的 Cronbach's Alpha 系数大于 0.8 时，说明调查数据信度非常好；当调查数据的 Cronbach's Alpha 系数大于 0.7 小于 0.8 时，说明调查数据信度很好；当调查数据的 Cronbach's Alpha 系数大于 0.6 小于 0.7 时，说明调查数据还可以接受；当调查数据的 Cronbach's Alpha 系数小于 0.6 时，则表明应对量表做进一步修正。

3. 效度分析

效度即调查数据的有效程度，只有效度较高的调查数据才可以进行实证分析。已有文献大部分是基于内容和结构两个视角进行效度分析。从研究实用性出发，由于本书的调查问卷全部来源于已有相关研究的调查问卷，同时结合本书的实际情况进行了适当的修正，因此调查问卷的内容效度较高。本书主要采用探索性因子分析，通过 KMO 和 Barlett 球体检验方法，运用 SPSS 进行因子分析。其中，主要参考 Kaise 和 Rice（1974）提出的 KMO 指标判断标准来进行判断。

（1）如果 KMO 值大于 0.9，则说明调查数据非常适合进行因子分析。

（2）如果 KMO 值在 0.8 ~ 0.9 之间，则说明调查数据很适合进行因子分析。

（3）如果 KMO 值在 0.7 ~ 0.8 之间，则说明调查数据适合进行因子分析。

（4）如果 KMO 值在 0.6 ~ 0.7 之间，则说明调查数据不太适合进行因子分析。

（5）如果 KMO 值在 0.5 ~ 0.6 之间，则说明调查数据非常勉强进行因子分析。

（6）如果 KMO 值< 0.5，则说明调查数据不适合因子分析。

因子分析中，因子负荷值越大，收敛效度就越高。一般来说，因子负荷值处于 0.5～1 之间，效度即可接受。也就是说，因子负荷要在 0.5 以上才能满足收敛效度的要求。

4. 相关性分析

相关性分析是一种统计分析方法，通常用于研究两个变量之间的相关关系。在相关性分析中，本书主要采用典型相关分析进行判断。典型相关系数处于 -1～1 之间，可以是此范围内的任何值，相关系数绝对值越接近 1，表示两个变量的关联程度越强，相关系数的绝对值越接近 0，表示两个变量的关联程度越弱。当相关系数大于 0 时，表示两个变量之间是正相关关系，此时一个变量随另一个变量的增加而增加；当相关系数小于 0 时，表示两个变量之间是负相关关系，此时一个变量随另一个变量的增加而减少。

5. 回归分析

多元线性回归分析主要研究的是单个因变量与数个自变量之间的关系。本书进行多元线性回归分析是为了研究解释变量、中介变量与被解释变量之间的关系，根据回归分析结果，研究自变量对因变量的影响方向、影响大小和显著程度。此外，还可以通过比较两个回归模型之间的解释贡献率是否增加或减少，来判断模型的拟合程度。如果一个回归模型的解释贡献值增加，那么该模型的拟合效果更好。

【本章小结】

本章通过对文献的深度梳理，提出本书的研究假设及作用机理，通过对精益生产、生产技术改进、质量管理和制造公司生产绩效之间关系的作用机理做深入的研究，为制造公司的快速发展提供必要的理论支撑

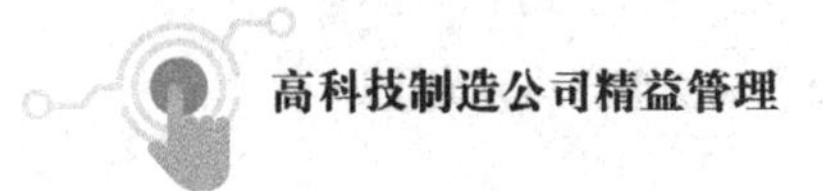

与实践建议。为检验制造企业精益生产、生产技术改进、质量管理与生产绩效之间的关系，本章设计了相关问卷，并对问卷设计的原则及思路进行说明，阐明数据的收集方法以及分析方法。量表的完成以及相关方法的明确，为实证分析的运用奠定了一定的基础。

第四章　实证分析

本章在上一章研究假设与研究设计的基础上，对调查问卷的数据进行进一步的分析，验证研究假设的准确性。首先，对问卷的受访者进行介绍，具体包括受访者所在公司的性质、公司所在地区、员工人数、公司建立年限、公司总资产等信息。其次，对调查数据的信度和效度进行检验。再次，对本书前面章节提出的理论假设进行检验，包括精益生产与质量管理的关系模型检验、生产技术改进与质量管理的关系模型检验、精益生产与公司生产绩效的关系模型检验、生产技术改进与公司生产绩效的关系模型检验、质量管理与公司生产绩效的关系模型检验、质量管理在精益生产与公司生产绩效之间的中介作用模型检验、质量管理在生产技术改进与公司生产绩效之间的中介作用模型检验。最后，通过对这些关系进行相关分析和回归分析，验证假设是否成立，并对文献综述理论和研究发现进行论述。通过相关分析和回归分析得知本书的研究假设全部成立，证实了研究模型的合理性，为本书的理论研究提供实证支撑，丰富了现有研究的内容。

第一节　描述性统计

本次问卷调查的受访者主要是高科技制造公司的生产技术人员及各级管理人员，样本公司选取的主要目标为福建、北京、广东、江苏、浙江和上海等科技较发达地区的制造公司，并且分别将被调查人员的背景情况例如工作年限、学历、职务、所在部门等，以及被调查制造公司的背景情况例如公司规模、公司性质、公司年限等，作为实证模型的控制变量，在多元线性回归分析中控制变量可以提升模型整体的拟合优度。

一、样本基本情况描述

1. 企业所在地区

本次问卷调查收到来自我国 13 个省、直辖市的调查问卷共 425 份，将填写不完全或者出现异常值的问卷作为无效问卷予以剔除后，最终得到有效调查问卷 411 份，其中浙江、江苏、上海、北京和福建位居前五，合计占比 96.71%，这些地区都是我国科技较发达的地区，如表 4-1 所示。

表 4–1　调查对象来源及占比

来源	样本数	比例
浙江	193	46.96%
江苏	86	20.93%
上海	46	11.19%
北京	34	8.27%
福建	27	6.57%
其他	25	6.08%
合计	411	100.00%

2. 调查对象职务

本次问卷调查对象覆盖了高科技制造公司的高层管理人员、中层管理人员、基层管理人员和一线工作人员，包含了制造公司的各个层次和各个部门的人员。其中高层管理人员占比 33.58%，在所有调查对象中数量最多，中层管理人员占比 19.46%，基层管理人员占比 29.68%，一线工作人员占比 17.28%，在所有调查对象中数量最少，如表 4–2 所示。

表 4–2　调查对象职务及占比

选项	小计	比例
高层管理人员	138	33.58%
中层管理人员	80	19.46%
基层管理人员	122	29.68%
一线工作人员	71	17.28%
合计	411	100.00%

3. 制造公司性质

从高科技制造公司性质来看，74.45% 为民营制造公司，占比最高，

15.57% 为国有制造公司，9.98% 为中外合作 / 中外合资 / 外商独资制造公司，占比最低，本次调查基本覆盖了制造公司的主要类型，如表 4–3 所示。

表 4–3　制造公司性质及占比

选项	小计	比例
国有制造公司	64	15.57%
民营制造公司	306	74.45%
中外合作 / 中外合资 / 外商独资	41	9.98%
合计	411	100.00%

4. 制造公司成立年限

从制造公司成立年限来看，成立 1 年以内的占比仅为 0.24%，在所调查的制造公司中占比最低；成立 1 ~ 3 年的占比 5.11%；成立 3 ~ 5 年的占比 6.08%；成立 5 ~ 10 年的占比 19.47%；成立 10 年以上的占比 69.10%，在所调查的制造公司中占比最高，如表 4–4 所示。

表 4–4　制造公司成立年限及占比

选项	样本数	占比
1 年以内	1	0.24%
1 ~ 3 年	21	5.11%
3 ~ 5 年	25	6.08%
5 ~ 10 年	80	19.47%
10 年以上	284	69.10%
合计	411	100.00%

5. 被调查对象在该制造公司工作年限

从被调查对象工作年限来看，工作年限在 1 年以内的占比为 7.30%，在所有被调查对象中占比最低；工作年限在 1～3 年的占比 17.52%；工作年限在 3～5 年的占比 17.03%；工作年限在 5 年以上的占比 58.2%，在所有被调查对象中占比最高，如表 4-5 所示。

表 4-5　被调查对象工作年限及占比

选项	样本数	占比
1 年以下	30	7.30%
1～3 年	72	17.52%
3～5 年	70	17.03%
5 年以上	239	58.15%
合计	411	100.00%

6. 制造公司运营规模

从制造公司经营规模来看，偏大型的制造公司占比 12.90%；大型的制造公司占比 19.20%；中型的制造公司占比 41.60%，在所有的制造公司中占比最高；偏小型的制造公司占比 16.30%；小型的制造公司占比 10.00%，在所有的制造公司中占比最低，而且制造公司运营规模占比的分布服从中间高两头低的正态分布，如表 4-6 所示。

表 4-6　制造公司运营规模及占比

选项	样本数	占比
偏大型的制造公司	53	12.90%
大型的制造公司	79	19.20%
中型的制造公司	171	41.60%

续表

选项	样本数	占比
偏小型的制造公司	67	16.30%
小型的制造公司	41	10.00%
合计	411	100.00%

二、变量描述性统计分析

在对调查数据进行假设检验之前，需要对各变量及其维度的数据进行描述性统计分析。下面对来自 411 份有效问卷中的精益生产、生产技术改进、质量管理和生产绩效这 4 个变量的样本数据进行描述性统计分析。需要注意的是，精益生产、生产技术改进、质量管理和生产绩效等维度及其子维度均通过探索性因子分析模型所得，而该模型均将所得因子进行了标准化，因此这些维度及其子维度的均值为 0、标准差为 1，具体如表 4-7 所示。

表 4-7　各变量的样本数据描述性统计分析

变量	维度	样本数	极小值	极大值	均值	标准差
精益生产	公司文化	411	−4.404	1.182	0.000	1.000
	员工参与	411	−4.235	3.641	0.000	1.000
	生产环境	411	−3.818	3.198	0.000	1.000
生产技术改进	生产设计技术改进	411	−4.181	1.271	0.000	1.000
	生产现场技术改进	411	−3.700	3.831	0.000	1.000
	生产线技术改进	411	−4.489	3.668	0.000	1.000
	生产浪费识别技术改进	411	−5.016	6.362	0.000	1.000

续表

变量	维度	样本数	极小值	极大值	均值	标准差
质量管理	顶层设计	411	−4.372	1.151	0.000	1.000
	客户导向	411	−7.322	3.566	0.000	1.000
	员工管理	411	−4.739	3.402	0.000	1.000
	供应商管理	411	−5.313	5.299	0.000	1.000
	过程管理	411	−4.187	5.372	0.000	1.000
	信息分析	411	−6.448	3.123	0.000	1.000
	产品设计	411	−5.512	3.450	0.000	1.000
生产绩效	财务绩效	411	−4.166	1.310	0.000	1.000
	竞争绩效	411	−6.355	3.758	0.000	1.000
	客户满意	411	−3.141	5.756	0.000	1.000

第二节　信度与效度检验

为了满足研究模型与假设检验的需要，本书运用 SPSS 24.0 对调查数据进行了统计分析和实证分析。本节将采用信度分析和探索性因子分析方法来检验调查数据的信度与效度。

信度分析是一种度量调查数据稳定性和可靠性的有效分析方法，即随机将调查数据分为不同的组，分别进行信度检验，如果检验结论差别不大，则表明信度检验结论具有一致性和稳定性，调查数据通过了信度检验。Ubaydullaev Sherzod（2020）将信度分析运用于游客不文明行为对自身内疚情绪和行为修正的影响。石小亮等（2021）将信度分析用于研究吉林省的森林生态系统服务价值评价。本书的信度分析主要是对调查数据的内部稳定性和一致性进行检验。最常用的信度系数为 Cronbach's Alpha 系数。张文彤和董伟（2013）、易丹辉和李静萍（2019）指出，当 Cronbach's Alpha 系数在 0.7 以上时，即认为调查数据具有较高的一致性和稳定性；如果 Cronbach's Alpha 系数低于 0.5，则表示调查数据信度较低；如果 Cronbach's Alpha 系数低于 0.35，则表示调查数据为低信度水平。普遍认为 Cronbach's Alpha 系数达到 0.7 以上时，调查数据为理想水平。本书也采用了 Cronbach's Alpha 系数来检验调查数据的信度。

效度分析是指测量调查数据的有效性程度，即调查数据能否度量所要研究目标的程度。本书所用测量列表均改编自或借鉴了已有成熟量表，因而测量的内容效度能够得到保证。王淑华（2022）以上海市 2012—2015 年汉字应用水平测试为研究对象，研究发现试卷的效度均处于较为理想的状态。本书将采用探索性因子分析的 KMO 和 Barlett 球形检验方法来检验调查数据的效度。

一、信度检验

在运用问卷调查数据过程中，信度是使用频率最高的指标之一，其主要用途是检验调查数据是否具有稳定性和一致性。调查数据的信度与稳定性、一致性具有正相关关系，即当信度值增加时，就表明调查数据越稳定、一致性越好。已有文献大部分运用 Cronbach's Alpha 系数法进行信度检验，Cronbach's Alpha 系数 $=\frac{k}{k-1}\left(1-\sum_{i=1}^{k}SS_i\Big/SS_p\right)$，其中 k 为调查问卷中的题项数量、SSi 为第 i 个问题的方差、SSp 为总方差。当个体间方差比较小时，根据上述计算公式可知，Cronbach's Alpha 系数较大，说明调查数据具有一致性和稳定性，即调查数据比较可信。

本书运用 Cronbach's Alpha 系数来度量调查数据的可信程度，Cronbach's Alpha 系数与调查数据的可信度关系如表 4-8 所示。

表 4-8　信度检验表

序号	Cronbach's Alpha 值范围	可信度
1	0.60～0.65	调查数据不予采用
2	0.65～0.70	调查数据可以接受
3	0.70～0.80	调查数据质量良好
4	0.80 以上	调查数据质量优秀

1. 精益生产信度检验

由表 4-9 可知，度量精益生产的修正后的 16 个问题与总计相关系数均大于 0.7，说明精益生产量表的 16 个问题和调查问卷的调查目的相关程度很大，精益生产的 Cronbach's Alpha 系数为 0.965，说明精益生产的 16 个问题内部一致性和稳定性很高，即精益生产调查问卷数据质量非常好，同时删除项后的 Cronbach's Alpha 系数均大于 0.9 且小于 0.965，说明度量精益生产的 16 个问题区分性较好，将 16 个问题中的任何一个去掉均会导致调查数据信度系数下降。检验结果表明，本次调查问卷关于精益生产的信度检验结果非常好，利用本次精益生产的调查数据进行实证分析，其实证结果在统计意义上可信度很高。

表 4-9　精益生产信度检验（N=411）

题项	修正后的项与总计相关性	删除项后的 Cronbach's Alpha 系数	Cronbach's Alpha 系数
A1	0.718	0.964	0.965
A2	0.767	0.963	
A3	0.815	0.963	
A4	0.799	0.963	
A5	0.816	0.962	
A6	0.830	0.962	
A7	0.632	0.964	
A8	0.808	0.963	
A9	0.821	0.962	
A10	0.822	0.963	
A11	0.800	0.963	
A12	0.823	0.963	
A13	0.804	0.963	
A14	0.813	0.963	
A15	0.714	0.964	
A16	0.780	0.963	

2. 生产技术改进的信度分析

表 4-10　生产技术改进信度检验（N=411）

题项	修正后的项与总计相关性	删除项后的 Cronbach's Alpha 系数	Cronbach's Alpha 系数
B1	0.764	0.976	0.979
B2	0.814	0.976	
B3	0.853	0.976	
B4	0.800	0.976	
B5	0.782	0.976	
B6	0.792	0.976	
B7	0.829	0.976	
B8	0.836	0.976	
B9	0.852	0.976	
B10	0.781	0.976	
B11	0.826	0.976	
B12	0.535	0.977	
B13	0.841	0.976	
B14	0.785	0.976	
B15	0.809	0.976	
B16	0.813	0.976	
B17	0.844	0.976	
B18	0.814	0.976	
B19	0.696	0.977	
B20	0.780	0.976	
B21	0.799	0.976	
B22	0.833	0.976	
B23	0.783	0.976	
B24	0.802	0.976	
B25	0.745	0.977	

由表 4-10 可知，度量生产技术改进的修正后的 25 个问题与总计相关系数几乎均大于 0.7，只有第 19 个问题与总计相关系数为 0.696，说明生产技术改进量表的 25 个问题和调查问卷的调查目的相关程度很大，生产技术改进的 Cronbach's Alpha 系数为 0.979，说明生产技术改进的 25 个问题内部一致性和稳定性很高，即生产技术改进调查问卷数据质量非常好，同时删除项后的 Cronbach's Alpha 系数均大于 0.9 且小于 0.979，说明度量精益生产的 25 个问题区分性较好，将 25 个问题中的任何一个去掉均会导致调查数据质量的下降。检验结果表明，本次问卷关于生产技术改进的信度检验结果非常好，利用本次生产技术改进的调查数据进行实证分析，其实证结果在统计意义上可信度很高。

3. 质量管理的信度分析

由表 4-11 可知，度量质量管理的修正后的 28 个问题与总计相关系数均大于 0.7，说明质量管理量表的 28 个问题和调查问卷的调查目的相关程度很大，质量管理的 Cronbach's Alpha 系数为 0.987，说明质量管理的 28 个问题内部一致性和稳定性很高，即质量管理调查问卷数据质量非常好，同时删除项后的 Cronbach's Alpha 系数均大于 0.9 且小于 0.987，说明度量精益生产的 28 个问题区分性较好，将 28 个问题中的任何一个去掉均会导致调查数据质量的下降。检验结果表明，本次问卷关于质量管理的信度检验结果非常好，利用本次质量管理的调查数据进行实证分析，其实证结果在统计意义上可信度很高。

表 4-11　质量管理信度检验（N=411）

题项	修正后的项与总计相关性	删除项后的 Cronbach's Alpha 系数	Cronbach's Alpha 系数
C1	0.830	0.985	0.987
C2	0.838	0.985	
C3	0.824	0.985	
C4	0.847	0.985	
C5	0.845	0.985	
C6	0.833	0.985	
C7	0.837	0.985	
C8	0.863	0.985	
C9	0.863	0.985	
C10	0.821	0.985	
C11	0.876	0.985	
C12	0.849	0.985	
C13	0.854	0.985	
C14	0.835	0.985	
C15	0.775	0.985	
C16	0.790	0.985	
C17	0.851	0.985	
C18	0.836	0.985	
C19	0.849	0.985	
C20	0.827	0.985	
C21	0.840	0.985	
C22	0.869	0.985	
C23	0.860	0.985	
C24	0.864	0.985	
C25	0.811	0.985	
C26	0.852	0.985	
C27	0.761	0.986	
C28	0.851	0.985	

4. 生产绩效的信度分析

由表 4–12 可知，度量生产绩效的修正后的 15 个问题与总计相关系数均大于 0.7，说明生产绩效量表的 15 个问题和调查问卷的调查目的相关程度很大，生产绩效的 Cronbach's Alpha 系数为 0.975，说明生产绩效的 15 个问题内部一致性和稳定性很高，即生产绩效调查问卷数据质量非常好，同时删除项后的 Cronbach's Alpha 系数均大于 0.9 且小于 0.975，说明度量精益生产的 15 个问题区分性较好，将 15 个问题中的任何一个去掉均会导致调查数据质量的下降。检验结果表明，本次问卷关于生产绩效的信度检验结果非常好，利用本次生产绩效的调查数据进行实证分析，其实证结果在统计意义上可信度很高。

表 4–12　生产绩效信度检验（N=411）

题项	修正后的项与总计相关性	删除项后的 Cronbach's Alpha 系数	Cronbach's Alpha 系数
D1	0.817	0.973	0.975
D2	0.816	0.973	
D3	0.805	0.973	
D4	0.846	0.972	
D5	0.781	0.974	
D6	0.815	0.973	
D7	0.825	0.973	
D8	0.794	0.973	
D9	0.860	0.972	
D10	0.882	0.972	
D11	0.867	0.972	
D12	0.867	0.972	
D13	0.859	0.972	
D14	0.864	0.972	
D15	0.861	0.972	

二、效度检验

效度是指调查数据的有效性程度，即调查问卷构建的题项度量其所对应变量特质的程度。本书所用调查量表均改编自或借鉴了已有成熟量表，因而测量的内容效度能够得到保证。本书将采用探索性因子分析的KMO和Barlett球形检验方法对问卷调查数据进行效度分析，来检验调查数据与调查目标是否匹配，判断调查数据的有效程度。当调查数据的效度很大时，说明利用该调查数据可以准确地完成本书的研究目标，反之，则说明利用该调查数据无法完成本书的研究目标。

1. 精益生产效度检验

由表4-13可知，精益生产量表的KMO度量值为0.972，远远大于0.7，即精益生产量表调查数据的简单相关系数平方和远远大于偏相关系数平方和，说明度量精益生产变量的16个问题之间的相关性较强，但是偏相关性较弱，也就是这16个问题相关性较大而问题之间又存在一定的区别度，由此可知精益生产量表数据效度很高，同时说明可以运用探索性因子分析模型将16个题项综合为1个因子。Bartlett球形检验近似卡方值为5780.317，自由度为120，显著性水平（以下称为p值）为0.000，小于0.01，说明统计结果的置信度高于99%，可知精益生产量表数据拒绝16个问题间的相关系数矩阵为单位阵的原假设，即16个变量间具有较强的相关性，同时KMO检验统计量为0.972，说明16个问题提供的信息重叠程度合适，运用探索性因子分析模型有相当大的可能性得出令人满意的结果。

表 4-13　精益生产效度检验（N=411）

精益生产量表	KMO		0.972
	Bartlett 球形检验	近似卡方	5780.317
		自由度	120
		显著性水平	0.000

2. 生产技术改进效度检验

由表 4-14 可知，生产技术改进量表的 KMO 度量值为 0.973，远远大于 0.7，即生产技术改进量表调查数据的简单相关系数平方和远远大于偏相关系数平方和，说明度量生产技术改进变量的 25 个问题之间的相关性较强，但是偏相关性较弱，也就是这 25 个问题相关性较大而问题之间又存在一定的区别度，由此可知生产技术改进量表数据效度很高，同时说明可以运用探索性因子分析模型将 25 个题项综合为 1 个因子。Bartlett 球形检验近似卡方值为 10868.485，自由度为 300，p 值为 0.000，小于 0.01，说明统计结果的置信度高于 99%，可知生产技术改进量表数据拒绝 25 个问题间的相关系数矩阵为单位阵的原假设，即 25 个问题间具有较强的相关性，同时 KMO 检验统计量为 0.973，说明 25 个问题提供的信息重叠程度合适，运用探索性因子分析模型有相当大的可能性得出令人满意的结果。

表 4-14　生产技术改进效度检验（N=411）

生产技术改进量表	KMO		0.973
	Bartlett 球形检验	近似卡方	10868.485
		自由度	300
		显著性水平	0.000

3. 质量管理效度检验

由表 4-15 可知，质量管理量表的 KMO 度量值为 0.979，远远大于 0.7，即质量管理量表调查数据的简单相关系数平方和远远大于偏相关系数平方和，说明度量质量管理变量的 28 个问题之间的相关性较强，但是偏相关性较弱，也就是这 28 个问题相关性较大而问题之间又存在一定的区别度，由此可知质量管理量表数据效度很高，同时说明可以运用探索性因子分析模型将 28 个题项综合为 1 个因子。Bartlett 球形检验近似卡方值为 14094.784，自由度为 378，p 值为 0.000，小于 0.01，说明统计结果的置信度高于 99%，可知质量管理量表调查数据拒绝 28 个问题间的相关系数矩阵为单位阵的原假设，即 28 个变量间具有较强的相关性，同时 KMO 检验统计量为 0.979，说明 28 个问题提供的信息重叠程度合适，运用探索性因子分析模型有相当大的可能性得出令人满意的结果。

表 4-15 质量管理效度检验（N=411）

质量管理量表	KMO		0.979
	Bartlett 球形检验	近似卡方	14094.784
		自由度	378
		显著性水平	0.000

4. 生产绩效效度检验

由表 4-16 可知，生产绩效量表的 KMO 度量值为 0.969，远远大于 0.7，即生产绩效量表调查数据的简单相关系数平方和远远大于偏相关系数平方和，说明度量生产绩效变量的 15 个问题之间的相关性较强，但是偏相关性较弱，也就是这 15 个问题相关性较大而问题之间又存在一定的区别度，由此可知生产绩效量表数据效度很高，同时说明可以运用探索性因子分析模型将 15 个题项综合为 1 个因子。Bartlett 球形检验近似卡方值为 7070.647，自由度为 105，p 值为 0.000，小于 0.01，说明统计结果的置信度高于 99%，可知生产绩效量表数据拒绝 15 个问题间的相关系数矩阵为单位阵的原假设，即 15 个变量间具有较强的相关性，同时 KMO 检验统计量为 0.969，说明 15 个问题提供的信息重叠程度合适，运用探索性因子分析模型有相当大的可能性得出令人满意的结果。

表 4-16　生产绩效效度检验（N=411）

生产绩效量表	KMO		0.969
	Bartlett 球形检验	近似卡方	7070.647
		自由度	105
		显著性水平	0.000

第三节　探索性因子分析

Spearman（1904）在研究学生古典语、法语、英语、数学和音乐等学科成绩之间的相关系数时，发现学生各科成绩均受到一个共同因子的影响，因此他首次提出了探索性因子分析模型。与主成分分析模型相比，探索性因子分析模型对问题的研究更为深入，因子分析模型可以看作主成分分析模型的扩展。探索性因子分析模型将调查问卷的众多问题归纳总结为少数几个因子，并通过因子载荷将调查问卷的问题和不可度量的未知因子联系起来，根据因子载荷的大小，探寻未知且不可度量因子的实际意义。

1. 精益生产测量量表的探索性因子分析

由表 4-17 可知，在精益生产测量量表中的 16 个题项中提取了 3 个因子，3 个因子对应的初始特征值分别为 5.091、4.679 和 2.148，均大于 1，可知 3 个因子对精益生产的解释力度远远大于原始特征变量的平均解释力度，3 个因子总方程贡献率为 74.483%，高于 70%，3 个因子提取了 16 个题项信息的近 3/4，说明它们可以较好地代表原始数据。其中因子 1 的方差贡献率为 31.816%，因子 2 的方差贡献率为 29.241%，因子 3 的方差贡献率为 13.426%。从旋转后因子载荷矩阵可以判断各个题项的因子归属，其中 A1、A2、A3、A4、A5 等 5 个题项属于因子 2，其因子载荷均大于 0.7，由于这 5 个题项内容均与文化相关，因此将因子 2 命名为“公司文化”；A6、A7、A8、A9、A10、A11 等 6 个题项属于因子 3，其因子载荷均大于 0.6，由于这 6 个题项内容均与员工相关，因此将因子 3 命名为“员工参与”；A12、A13、A14、A15、A16 等 5 个题项属于因子 1，其因子载荷均大于 0.6，因为这 5 个题项内容均与环境相关，因此将因子 1 命名为“生产环境”。

表 4-17 精益生产探索性因子分析（N=411）

题项	旋转后因子载荷			特征值	方差贡献率
	因子 1	因子 2	因子 3		
A1		0.749		5.091	31.816%
A2		0.796			
A3		0.740			
A4		0.781			
A5		0.732			

续表

题项	旋转后因子载荷			特征值	方差贡献率
	因子 1	因子 2	因子 3		
A6			0.672	4.679	29.241%
A7			0.895		
A8			0.628		
A9			0.714		
A10			0.678		
A11			0.778		
A12	0.725			2.148	13.426%
A13	0.734				
A14	0.736				
A15	0.770				
A16	0.673				
总方差贡献率					74.483%

2. 生产技术改进测量量表的探索性因子分析

由表 4–18 可知，在生产技术改进测量量表的 25 个题项中提取了 4 个因子，4 个因子对应的初始特征值分别为 6.290、5.088、5.085 和 2.841，均大于 1，可知 4 个因子对生产技术改进的解释力度远远大于原始特征变量的平均解释力度，4 个因子总方程贡献率为 77.215%，高于 70%，4 个因子提取了 25 个题项信息的 3/4 多，说明它们可以较好地代表原始数据。其中因子 1 的方差贡献率为 25.159%，因子 2 的方差贡献率为 20.352%，因子 3 的方差贡献率为 20.340%，因子 4 的方差贡献率为 11.364%。从旋转后因子载荷矩阵可以判断各个题项的因子归属，其中 B1、B2、B3、B4 等 4 个题项属于因子 3，其因子载荷均大于 0.6，由于这 4 个题项内容均与生产设计相关，因此将因子 3 命名为“生产设计技术改进”；B5、B6、B7、B8、B9、B10、B11、B12、B13 等 9 个题项属于因子 1，其因子载荷均大于 0.6，由于这 9 个题项内容均与生产现场相关，因此将因子 1 命名为“生产现场技术改进”；B14、B15、B16、B17、B18、B19、B20、B21 等 8 个题项属于因子 4，其因子载荷均大于 0.6，由于这 8 个题项内容均与生产线相关，因此将因子 4 命名为“生产线技术改进”；B22、B23、B24、B25 等 4 个题项属于因子 2，其因子载荷均大于 0.6，因为这 4 个题项内容均与浪费识别相关，因此将因子 4 命名为“生产浪费识别技术改进”。

表 4–18 生产技术改进探索性因子分析（N=411）

题项	旋转后因子载荷				特征值	方差贡献率
	因子 1	因子 2	因子 3	因子 4		
B1			0.772		6.290	25.159%
B2			0.742			
B3			0.732			
B4			0.618			
B5	0.760				5.088	20.352%
B6	0.681					
B7	0.656					
B8	0.606					
B9	0.693					
B10	0.610					
B11	0.655					
B12	0.870					
B13	0.698					

续表

题项	旋转后因子载荷				特征值	方差贡献率
	因子 1	因子 2	因子 3	因子 4		
B14				0.628	5.085	20.340%
B15				0.604		
B16				0.611		
B17				0.674		
B18				0.621		
B19				0.605		
B20				0.652		
B21				0.623		
B22		0.610			2.841	11.364%
B23		0.779				
B24		0.621				
B25		0.780				
总方差贡献率						77.215%

3. 质量管理测量量表的探索性因子分析

由表 4-19 可知，在质量管理测量量表的 28 个题项中提取了 7 个因子，7 个因子对应的初始特征值分别为 5.430、4.288、4.229、4.136、2.323、1.991 和 1.226，均大于 1，可知 7 个因子对质量管理的解释力度都大于原始特征变量的平均解释力度，7 个因子总方程贡献率为 84.372%，高于 70%，7 个因子提取了 28 个题项信息的 4/5 多，说明它们可以较好地代表原始数据。其中因子 1 的方差贡献率为 19.394%；因子 2 的方差贡献率为 15.315%；因子 3 的方差贡献率为 15.103%；因子 4 的方差贡献率为 14.773%；因子 5 的方差贡献率为 8.298%；因子 6 的方差贡献率为 7.110%；因子 7 的方差贡献率为 4.379%。根据旋转后因子载荷矩阵可以判断各个题项的因子归属，其中 C1、C2、C3、C4 等 4 个题项属于因子 4，其因子载荷均大于 0.6，由于这 4 个题项内容均与制造公司管理层相关，因此将因子 4 命名为"顶层设计"；C5、C6、C7、C8 等 4 个题项属于因子 1，其因子载荷均大于 0.6，由于这 4 个题项内容均与制造公司客户需求相关，因此将因子 1 命名为"客户导向"；C9、C10、C11、C12 等 4 个题项属于因子 7，其因子载荷均大于 0.6，由于这 4 个题项内容均与制造公司员工相关，因此将因子 7 命名为"员工管理"；C13、C14、C15、C16 等 4 个题项属于因子 5，其因子载荷均大于 0.6，由于这 4 个题项内容均与制造公司供应商相关，因此将因子 5 命名为"供应商管理"；C17、C18、C19 等 3 个题项属于因子 3，其因子载荷均大于 0.6，由于这 3 个题项内容均与制造公司生产过程相关，因此将因子 3 命名为"过程管理"；C20、C21、C22 等 3 个题项属于因子 6，其因子载荷均大于 0.6，由于这 3 个题项内容均与制造公司生产信息相关，因此将因子 6 命名为"信息分析"；C23、C24、C25、、C26、C27、C28 等 6 个题项属于因子 2，其因子载荷均大于 0.6，由于这 6 个题项内容均与制造公司产品设计相关，因此将因子 2 命名为"产品设计"。

表 4-19　质量管理探索性因子分析（N=411）

题项	旋转后因子荷载							特征值	方差贡献率
	因子 1	因子 2	因子 3	因子 4	因子 5	因子 6	因子 7		
C1				0.689				5.430	19.394%
C2				0.718					
C3				0.718					
C4				0.638					

续表

题项	旋转后因子荷载							特征值	方差贡献率
	因子 1	因子 2	因子 3	因子 4	因子 5	因子 6	因子 7		
C5	0.639							4.288	15.315%
C6	0.693								
C7	0.699								
C8	0.654								
C9							0.719	4.229	15.103%
C10							0.681		
C11							0.635		
C12							0.664		
C13					0.698			4.136	14.773%
C14					0.695				
C15					0.715				
C16					0.674				
C17			0.673					2.323	8.298%
C18			0.635						
C19			0.688						
C20						0.727		1.991	7.110%
C21						0.695			
C22						0.626			
C23		0.664						1.226	4.379%
C24		0.684							
C25		0.683							
C26		0.702							
C27		0.762							
C28		0.699							
总方差贡献率									84.372%

4. 生产绩效测量量表的探索性因子分析

由表 4–20 可知，在生产绩效测量量表的 15 个题项中提取了 3 个因子，3 个因子对应的初始特征值分别为 4.496、4.291 和 3.624，均大于 1，可知 3 个因子对生产绩效的解释力度远远大于原始特征变量的平均解释力度，3 个因子总方程贡献率为 82.740%，高于 70%，3 个因子提取了 15 个题项信息的 4/5 多，说明它们可以较好地代表原始数据。其中因子 1 的方差贡献率为 29.973%，因子 2 的方差贡献率为 28.607%，因子 3 的方差贡献率为 24.160%。根据旋转后因子载荷矩阵可以判断各个题项的因子归属，其中 D1、D2、D3 等 3 个题项属于因子 2，其因子载荷均大于 0.7，由于这 3 个题项内容均与制造公司财务指标相关，因此将因子 2 命名为“财务绩效”；D4、D5、D6、D7、D8、D9、D10、D11 等 8 个题项属于因子 3，其因子载荷均大于 0.6，由于这 8 个题项内容均与制造公司竞争力相关，因此将因子 3 命名为“竞争绩效”；D12、D13、D14、D15 等 4 个题项属于因子 1，其因子载荷均大于 0.6，因为这 4 个题项内容均与客户满意度相关，因此将因子 1 命名为“客户满意”。

表 4–20 生产绩效探索性因子分析（N=411）

题项	旋转后因子载荷			特征值	方差贡献率
	因子 1	因子 2	因子 3		
D1		0.748		4.496	29.973%
D2		0.813			
D3		0.783			

续表

<table>
<tr><th rowspan="2">题项</th><th colspan="3">旋转后因子载荷</th><th rowspan="2">特征值</th><th rowspan="2">方差贡献率</th></tr>
<tr><th>因子 1</th><th>因子 2</th><th>因子 3</th></tr>
<tr><td>D4</td><td></td><td></td><td>0.653</td><td rowspan="8">4.291</td><td rowspan="8">28.607%</td></tr>
<tr><td>D5</td><td></td><td></td><td>0.823</td></tr>
<tr><td>D6</td><td></td><td></td><td>0.757</td></tr>
<tr><td>D7</td><td></td><td></td><td>0.631</td></tr>
<tr><td>D8</td><td></td><td></td><td>0.681</td></tr>
<tr><td>D9</td><td></td><td></td><td>0.659</td></tr>
<tr><td>D10</td><td></td><td></td><td>0.646</td></tr>
<tr><td>D11</td><td></td><td></td><td>0.683</td></tr>
<tr><td>D12</td><td>0.723</td><td></td><td></td><td rowspan="4">3.624</td><td rowspan="4">24.160%</td></tr>
<tr><td>D13</td><td>0.731</td><td></td><td></td></tr>
<tr><td>D14</td><td>0.732</td><td></td><td></td></tr>
<tr><td>D15</td><td>0.650</td><td></td><td></td></tr>
<tr><td colspan="5">总方差贡献率</td><td>82.740%</td></tr>
</table>

第四节　相关性分析

相关性分析指两个（或组）变量之间的线性相关程度，即两个（或组）变量的变化方向是相同、相反还是没有关系。相关分析数值在 0 ~ 1 之间，关系的紧密程度直接看相关系数大小，当相关系数值小于 0.2 时，说明关系较弱，但二者之间依然存在相关关系。为探究本书 4 个变量两两之间的相关性大小，下面对精益生产、生产技术改进、质量管理及生产绩效两两之间做相关性分析，参与分析的个案数为411个。

1. 精益生产与生产绩效的相关分析

上一章采用探索性因子分析模型将自变量精益生产细分为公司文化、员工导向和生产环境3个维度，下面将利用411份调查问卷有效样本数据，运用典型相关分析模型，实证研究精益生产及其子维度与制造公司生产绩效及其子维度之间的相关关系。

由表4-22所示的相关分析结果可知，精益生产与制造公司生产绩效之间的相关系数达到0.843，且显著性水平小于0.01，即精益生产与制造公司生产绩效之间在1%的显著性水平下呈现显著正相关关系，二者运动方向相同，或者共同增加，或者共同降低；精益生产与财务绩效、竞争绩效和客户满意3个维度之间的相关系数分别为0.735、0.823和0.824，且显著性水平均小于0.01，即精益生产与生产绩效子维度之间均呈现显著正相关关系；公司文化与生产绩效、财务绩效、竞争绩效和客户满意之间的相关系数分别为0.782、0.636、0.766、0.753，且显著性水平均小于0.01，即公司文化与生产绩效及其子维度之间均呈现显著正相关关系；员工参与与生产绩效、财务绩效、竞争绩效和客户满意之间的相关系数分别为0.800、0.679、0.770、0.778，且显著性水平均小于0.01，即员工参与和生产绩效及其子维度之间均呈现显著正相关关系；生产环境与生产绩效、财务绩效、竞争绩效和客户满意之间的相关系数分别为0.812、0.700、0.791、0.792，且显著性水平均小于0.01，即生产环境与生产绩效及其子维度之间均呈现显著正相关关系。相关的分析研究主要是为了刻画两类变量间线性相关的密切程度，由以上分析结果可知，精益生产及其子维度和生产绩效及其子维度之间线性关系均非常密切，但是典型相关分析只能度量两个（或组）变量之间的相关程度和方向，对于一个（或组）变量对另一个（或组）变量的影响作用则无能为力，而回归分析则可以揭示精益生产及其子维度对生产绩效及其子维度的影响方向以及大小。因此，为了考察精益生产及其子维度和生产绩效及其子维度之间的因果关系大小及方向，需要进一步做多元回归分析。

表 4-21　精益生产与生产绩效的相关分析（N=411）

	LP	LP1	LP2	LP3	PP	PP1	PP2	PP3
LP	1							
LP1	—	1						
LP2	—	—	1					
LP3	—	—	—	1				
PP	0.843***	0.782***	0.800***	0.812***	1			
PP1	0.735***	0.636***	0.679***	0.700***	—	1		
PP2	0.823***	0.766***	0.770***	0.791***	—	—	1	
PP3	0.824***	0.753***	0.778***	0.792***	—	—	—	1

注：* 表示 $p < 0.1$；** 表示 $p < 0.05$；*** 表示 $p < 0.01$。

2. 生产技术改进与生产绩效的相关分析

本书将生产技术改进（TP）细分为生产设计技术改进（TP1）、生产现场技术改进（TP2）、生产线技术改进（TP3）和生产浪费识别技术改进（TP4）4 个维度，将公司生产绩效（PP）细分为财务绩效（PP1）、竞争绩效（PP2）和客户满意（PP3）3 个维度，下面将利用 411 份调查问卷有效样本数据实证研究生产技术改进与制造公司生产绩效的相关关系。

由表 4-22 所示的相关分析结果可知，生产技术改进与生产绩效之间的典型相关系数达到 0.891，且显著性水平小于 0.01，即生产技术改进与制造公司生产绩效之间在 1% 的显著性水平下呈现显著正相关关系；生产技术改进与生产绩效 3 个子维度财务绩效、竞争绩效和客户满意之间的典型相关系数分别为 0.781、0.882 和 0.858，且显著性水平均小于 0.01，即生产技术改进与生产绩效 3 个子维度财务绩效、竞争绩效和客户满意之间在 1% 的显著性水平下呈现显著正相关关系；生产设计技术改进与生产绩效、财务绩效、竞争绩效和客户满意之间的典型相关系数分别为 0.783、0.665、0.772、0.754，且显著性水平均小于 0.01，即生产设计技术改进与生产绩效、财务绩效、竞争绩效和客户满意之间在 1% 的显著性水平下呈现显著正相关关系；生产现场技术改进与生产绩效、财务绩效、竞争绩效和客户满意之间的典型相关系数分别为 0.855、0.734、0.845、0.811，且显著性水平均小于 0.01，即生产现场技术改进与生产绩效、财务绩效、竞争绩效和客户满意之间在 1% 的显著性水平下呈现显著正相关关系；生产线技术改进与生产绩效、财务绩效、竞争绩效和客户满意之间的相关系数分别为 0.855、0.746、0.841、0.822，且显著性水平均小于 0.01，即生产线技术改进与生产绩效、财务绩效、竞争绩效和客户满意之间在 1% 的显著性水平下呈现显著正相关关系；生产浪费识别技术改进与生产绩效、财务绩效、竞争绩效和客户满意之间的相关系数分别为 0.856、0.703、0.831、0.828，且显著性水平均小于 0.01，即生产浪费识别技术改进与生产绩效、财务绩效、竞争绩效和客户满意之间在 1% 的显著性水平下呈现显著正相关关系。典型相关分析主要是度量两个（或组）变量之间的线性相关程度，而回归分析则可以度量一个（或组）变量对另一个（或组）变量的影响方向和影响大小。因此，为了考察生产技术改进与生产绩效之间的因果关系大小及方向，需要进一步做多元回归分析。

表 4-22　生产技术改进与生产绩效的相关分析（N=411）

	TP	TP1	TP2	TP3	TP4	PP	PP1	PP2	PP3
TP	1								
TP1	—	1							
TP2	—	—	1						
TP3	—	—	—	1					
TP4	—	—	—	—	1				
PP	0.891***	0.783***	0.855***	0.855***	0.856***	1			
PP1	0.781***	0.665***	0.734***	0.746***	0.703***	—	1		
PP2	0.882***	0.772***	0.845***	0.841***	0.831***	—	—	1	
PP3	0.858***	0.754***	0.811***	0.822***	0.828***	—	—	—	1

注：* 表示 $p < 0.1$；** 表示 $p < 0.05$；*** 表示 $p < 0.01$。

3. 精益生产与质量管理的相关分析

由表 4-23 所示的相关分析结果可知：精益生产与质量管理之间的典型相关系数达到 0.912，且显著性水平小于 0.01，即精益生产与质量管理之间在 1% 的显著性水平下呈现显著正相关关系；精益生产与质量管理的基础维度和核心维度之间的典型相关系数分别为 0.901 和 0.885，且显著性水平均小于 0.01，即精益生产与质量管理的基础维度和核心维度之间在 1% 的显著性水平下呈现显著正相关关系；公司文化与质量管理及其基础维度和核心维度之间的相关系数分别为 0.855、0.833 和 0.827，且显著性水平均小于 0.01，即公司文化与质量管理及其基础维度和核心维度之间在 1% 的显著性水平下呈现显著正相关关系；员工参与与质量管理及其基础维度和核心维度之间的相关系数分别为 0.878、0.867 和 0.844，且显著性水平均小于 0.01，即员工参与与质量管理及其基础维度和核心维度之间在 1% 的显著性水平下呈现显著正相关关系；生产环境与质量管理及其基础维度和核心维度之间的相关系数分别为 0.887、0.876 和 0.851，且显著性水平均小于 0.01，即生产环境与质量管理及其基础维度和核心维度之间在 1% 的显著性水平下呈现显著正相关关系。相关分析主要是度量两个（或组）变量之间的线性相关程度，而回归分析则可以度量一个（或组）变量对另一个（或组）变量的影响方向和影响大小，因此，为了考察精益生产与质量管理之间的因果关系大小及方向，需要进一步做多元回归分析。

表 4-23　精益生产与质量管理的相关分析（N=411）

	LP	LP1	LP2	LP3	QM	QM_BASE	QM_CORE
LP	1						
LP1	—	1					
LP2	—	—	1				
LP3	—	—	—	1			
QM	0.912***	0.855***	0.878***	0.887***	1		
QM_BASE	0.901***	0.833***	0.867***	0.876***	—	1	
QM_CORE	0.885***	0.827***	0.844***	0.851***	—	—	1

注：* 表示 $p < 0.1$；** 表示 $p < 0.05$；*** 表示 $p < 0.01$。

4. 生产技术改进与质量管理的相关分析

由表 4-24 所示的相关分析结果可知：生产技术改进与质量管理之间的典型相关系数达到 0.946，且显著性水平小于 0.01，即生产技术改进与质量管理之间在 1% 的显著性水平下呈现显著正相关关系；生产技术改进与质量管理的基础维度和核心维度之间的典型相关系数分别为 0.940 和 0.924，且显著性水平均小于 0.01，即生产技术改进与质量管理的基础维度和核心维度之间在 1% 的显著性水平下呈现显著正相关关系；生产设计技术改进与质量管理及其基础维度和核心维度之间的相关系数分别为0.858、0.831和0.838，且显著性水平均小于0.01，即生产设计技术改进与质量管理及其基础维度和核心维度之间在1%的显著性水平下呈现显著正相关关系；生产现场技术改进与质量管理及其基础维度和核心维度之间的相关系数分别为0.909、0.901和0.886，且显著性水平均小于0.01，即生产现场技术改进与质量管理及其基础维度和核心维度之间在1%的显著性水平下呈现显著正相关关系；生产线技术改进与质量管理及其基础维度和核心维度之间的相关系数分别为0.914、0.902和0.894，且显著性水平均小于0.01，即生产线技术改进与质量管理及其基础维度和核心维度之间在1%的显著性水平下呈现显著正相关关系；生产浪费识别技术改进与质量管理及其基础维度和核心维度之间的相关系数分别为0.891、0.883和0.843，且显著性水平均小于0.01，即生产浪费识别技术改进与质量管理及其基础维度和核心维度之间在1%的显著性水平下呈现显著正相关关系。相关分析主要是度量两个（或组）变量之间的线性相关程度，而回归分析则可以度量一个（或组）变量对另一个（或组）变量的影响方向和影响大小，因此，为了考察生产技术改进与质量管理之间的因果关系大小及方向，需要进一步做多元回归分析。

表4-24　生产技术改进与质量管理的相关分析（N=411）

	TP	TP1	TP2	TP3	TP4	QM	QM_BASE	QM_CORE
TP	1							
TP1	—	1						
TP2	—	—	1					
TP3	—	—	—	1				

续表

	TP	TP1	TP2	TP3	TP4	QM	QM_BASE	QM_CORE
TP4	—	—	—	—	1			
QM	0.946***	0.858***	0.909***	0.914***	0.891***	1		
QM_BASE	0.940***	0.831***	0.901***	0.902***	0.883***	—	1	
QM_CORE	0.924***	0.838***	0.886***	0.894***	0.843***	—	—	1

注：* 表示 $p < 0.1$；** 表示 $p < 0.05$；*** 表示 $p < 0.01$。

5. 质量管理与生产绩效的相关分析

由表 4–25 所示的相关分析结果可知：质量管理与生产绩效之间的典型相关系数达到 0.914，且显著性水平小于 0.01，即质量管理与生产绩效之间在 1% 的显著性水平下呈现显著正相关关系；质量管理与生产绩效子维度财务绩效、竞争绩效和客户满意之间的典型相关系数分别为 0.792、0.895 和 0.888，且显著性水平均小于 0.01，即质量管理与生产绩效子维度财务绩效、竞争绩效和客户满意之间在 1% 的显著性水平下呈现显著正相关关系；质量管理的基础维度与生产绩效及其子维度财务绩效、竞争绩效和客户满意之间的相关系数分别为 0.895、0.757、0.875 和 0.871，且显著性水平均小于 0.01，即质量管理的基础维度与生产绩效及其子维度财务绩效、竞争绩效和客户满意之间在 1% 的显著性水平下呈现显著正相关关系；质量管理的核心维度与生产绩效及其子维度财务绩效、竞争绩效和客户满意之间的相关系数分别为 0.896、0.763、0.878 和 0.866，且显著性水平均小于 0.01，即质量管理的核心维度与生产绩效及其子维度财务绩效、竞争绩效和客户满意之间在 1% 的显著性水平下呈现显著正相关关系。相关分析主要是度量两个（或组）变量之间的线性相关程度，而回归分析则可以度量一个（或组）变量对另一个（或组）变量的影响方向和影响大小，因此，为了考察质量管理与生产绩效之间的因果关系大小及方向，需要进一步做多元回归分析。

表 4-25　质量管理与生产绩效的相关分析（N=411）

	QM	QM_BASE	QM_CORE	PP	PP1	PP2	PP3
QM	1						
QM_BASE	—	1					
QM_CORE	—	—	1				
PP	0.914***	0.895***	0.896***	1			
PP1	0.792***	0.757***	0.763***	—	1		
PP2	0.895***	0.875***	0.878***	—	—	1	
PP3	0.888***	0.871***	0.866***	—	—	—	1

注：* 表示 $p < 0.1$；** 表示 $p < 0.05$；*** 表示 $p < 0.01$。

第五节　回归分析与假设检验

本书在理论基础之上构建理论模型，并对模型进行回归分析。本节运用多元线性回归模型，将变量分为自变量和因变量两种类型，进行多次回归，并分析回归结果，以探究精益生产、生产技术改进、质量管理及生产绩效四者之间的关系。如果回归分析结果显示 p 小于 0.05，则说明变量影响关系显著。通常需要分析以下指标：拟合优度 R^2 的数值在 0 ~ 1 之间，数值越接近于 1 越好，说明方程模型拟合度高；VIF 值代表方差膨胀因子，所有的 VIF 值均需要小于 10，相对严格的标准是小于 5，则表明回归模型的自变量之间不存在多重共线性。

一、精益生产与生产绩效的关系

下面将根据理论分析、已有文献以及精益生产和生产绩效相关的理论论述，探究精益生产与制造公司生产绩效的实证关系模型。主要利用 411 份调查问卷有效样本数据分析精益生产对制造公司生产绩效的影响作用（见表 4-26），并根据实证分析结果对精益生产和制造公司生产绩效之间的因果关系进行分析。

表 4-26 精益生产对生产绩效的影响作用（N=411）

		未标准化回归系数	t	Sig.
自变量	常数	8.311E−17	0.000	1.000
	LP1	0.586***	19.917	0.000
	LP2	0.454***	15.419	0.000
	LP3	0.314***	10.675	0.000
R^2		0.648		
调整后的 R^2		0.645		
F		249.463		
Sig.		0.000		

注：* 表示 $p < 0.1$；** 表示 $p < 0.05$；*** 表示 $p < 0.01$。

精益生产与制造公司生产绩效的多元线性回归分析结果如表 4-26 所示，其中，回归模型拟合优度 R^2=0.648，调整后的拟合优度 R^2=0.645，说明回归模型中的因变量生产绩效发生变化超过 60% 的原因可由精益生产的子维度公司文化（LP1）、员工参与（LP2）和生产环境（LP3）解释；F=249.463，显著性水平 p=0.000（p 与表中的 Sig. 意思相同，为与上文一致，仍用 p 表示），小于 0.01，说明整体回归模型在 1% 的显著性水平下显著成立。公司文化（LP1）对生产绩效（PP）回归成立，p=0.000，小于 0.01，回归系数为 0.586，假设 H1a 成立，即公司文化（LP1）对生产绩效在 1% 的显著性水平下起显著正向影响作用；员工参与（LP2）对生产绩效（PP）回归成立，p=0.000，小于 0.01，回归系数为 0.454，假设 H1b 成立，即员工参与（LP2）对生产绩效在 1% 的显著性水平下起显著正向影响作用；生产环境（LP3）对生产绩效（PP）回归成立，p=0.000，小于 0.01，回归系数为 0.314，假设 H1c 成立，即生产环境（LP3）对生产绩效在 1% 的显著性水平下起显著正向影响作用。由以上实证分析结果可知，精益生产对制造公司生产绩效起显著正向影响作用，即实行精益生产是提升我国高科技制造公司生产绩效的重要因素。

二、生产技术改进与生产绩效的关系

下面将根据理论分析、已有文献以及生产技术改进和生产绩效相关的理论论述，探究生产技术改进与制造公司生产绩效的实证关系模型，主要利用 411 份调查问卷有效样本数据分析生产技术改进对制造公司生产绩效的影响作用（见表 4-27），并根据实证分析结果对生产技术改进和制造公司生产绩效之间的因果关系进行分析。

表 4-27　生产技术改进对生产绩效的影响作用（N=411）

		未标准化回归系数	t	Sig.
自变量	常数	2.632E−16	0.000	1.000
	TP1	0.521***	20.637	0.000
	TP2	0.422***	16.689	0.000
	TP3	0.487***	19.270	0.000
	TP4	0.234***	9.257	0.000
R^2		0.741		
调整后的 R^2		0.738		
F		290.359		
Sig.		0.000		

注：* 表示 $p < 0.1$；** 表示 $p < 0.05$；*** 表示 $p < 0.01$。

生产技术改进与生产绩效的多元线性回归分析结果如表 4-27 所示，其中，回归模型拟合优度 R^2=0.741，调整后的拟合优度 R^2=0.738，说明回归模型中的因变量生产绩效发生变异超过 70% 的原因可由生产技术改进的子维度生产设计技术改进（TP1）、生产现场技术改进（TP2）、生产线技术改进（TP3）和生产浪费识别技术改进（TP4）解释；F=290.359，显著性水平 p=0.000，小于 0.01，说明回归模型整体在 1% 的显著性水平下显著成立。生产设计技术改进（TP1）对公司生产绩效（PP）回归成立，p=0.000，小于 0.01，未标准化回归系数为 0.521，假设 H2a 成立，即生产设计技术改进（TP1）对制造公司生产绩效（PP）在 1% 的显著性水平下起显著正向影响作用；生产现场技术改进（TP2）对公司生产绩效（PP）回归成立，p=0.000，小于 0.01，未标准化回归系数为 0.422，假设 H2b 成立，即生产现场技术改进（TP2）对制造公司生产绩效（PP）在 1% 显著性水平下起显著正向影响作用；生产线技术改进（TP3）对公司生产绩效（PP）回归成立，p=0.000，小于 0.01，未标准化回归系数为 0.487，假设 H2c 成立，即生产线技术改进（TP3）对制造公司生产绩效（PP）在 1% 的显著性水平下起显著正向影响作用；生产浪费识别技术改进（TP4）对公司生产绩效（PP）回归成立，p=0.000，小于 0.01，未标准化回归系数为 0.234，假设 H2d 成立，即生产浪费识别技术改进（TP4）对制造公司生产绩效（PP）在 1% 的显著性水平下起显著正向影响作用。由以上实证分析结果可知，生产技术改进对制造公司生产绩效起显著正向影响作用，即实行生产技术改进是提升我国高科技制造公司生产绩效的重要因素。

三、精益生产与质量管理的关系

下面将根据理论分析、已有文献以及精益生产和质量管理相关的理论论述，探究精益生产与质量管理的实证关系模型，主要利用 411 份调查问卷有效样本数据分析精益生产对质量管理的影响作用（见表 4–28），并根据实证分析结果对精益生产和质量管理之间的因果关系进行分析。

表 4–28　精益生产对质量管理的影响作用（N=411）

		未标准化回归系数	t	Sig.
自变量	常数	−5.178E−17	0.000	1.000
	LP1	0.663***	29.531	0.000
	LP2	0.499***	22.202	0.000
	LP3	0.326***	14.505	0.000
R^2		0.795		
调整后的 R^2		0.793		

续表

	未标准化回归系数	t	Sig.
F	525.138		
Sig.	0.000		

注：* 表示 $p < 0.1$；** 表示 $p < 0.05$；*** 表示 $p < 0.01$。

精益生产与质量管理的多元线性回归分析结果如表 4-28 所示，其中，回归模型拟合优度 R^2=0.795，调整后的拟合优度 R^2=0.793，说明回归模型中的中介变量质量管理发生变异接近 80% 的原因可由精益生产的子维度公司文化（LP1）、员工参与（LP2）和生产环境（LP3）解释；F=525.138，显著性水平 p=0.000，小于 0.01，说明整体回归模型在 1% 的显著性水平下显著成立。公司文化（LP1）对质量管理（PP）回归成立，p=0.000，小于 0.01，未标准化回归系数为 0.663，假设 H3a 成立，即公司文化（LP1）对质量管理在 1% 的显著性水平下起显著正向影响作用；员工参与（LP2）对质量管理（PP）回归成立，p=0.000，小于 0.01，回归系数为 0.499，假设 H3b 成立，即员工参与（LP2）对质量管理在 1% 的显著性水平下起显著正向影响作用；生产环境（LP3）对质量管理（PP）回归成立，p=0.000，小于 0.01，回归系数为 0.326，假设 H3c 成立，即生产环境（LP3）对质量管理在 1% 的显著性水平下起显著正向影响作用。由以上实证分析结果可知，精益生产对质量管理起显著正向影响作用，即实行精益生产是提升我国高科技制造公司质量管理的重要因素。

四、生产技术改进与质量管理的关系

下面将根据实证分析和已有文献以及相关的生产技术改进和质量管

理理论论述，探究生产技术改进与质量管理的实证关系模型，主要利用 411 份调查问卷有效样本数据分析生产技术改进对质量管理的影响作用（见表 4-29），并根据实证分析结果对生产技术改进和质量管理之间的因果关系进行分析。

表 4-29　生产技术改进对质量管理的影响作用（N=411）

		未标准化回归系数	t	Sig.
自变量	常数	1.542E−16	0.000	1.000
	TP1	0.602^{***}	32.826	0.000
	TP2	0.484^{***}	26.422	0.000
	TP3	0.476^{***}	25.950	0.000
	TP4	0.200^{***}	10.928	0.000
R^2		0.864		
调整后的 R^2		0.862		
F		642.124		
Sig.		0.000		

注：* 表示 $p < 0.1$；** 表示 $p < 0.05$；*** 表示 $p < 0.01$。

生产技术改进与质量管理的多元线性回归分析如表 4-29 所示，其中，回归模型拟合优度 R^2=0.864，调整后的拟合优度 R^2=0.862，说明回归模型中的中介变量质量管理发生变异超过 80% 的原因可由生产技术改进的子维度生产设计技术改进（TP1）、生产现场技术改进（TP2）、生产线技术改进（TP3）和生产浪费识别技术改进（TP4）解释；F=642.124，显著性水平 p=0.000，小于 0.01，说明回归模型整体在 1% 的显著性水平下显著成立。生产设计技术改进（TP1）对质量管理（PP）回归成立，p=0.000，小于 0.01，未标准化回归系数为 0.602，假设 H4a 成立，即生产设计技术改进（TP1）对质量管理（PP）在1%的显著性水平下起显著正向影响作用；生产现场技术改进（TP2）对公司质量管理（PP）回归成立，p=0.000，小于0.01，未标准化回归系数为0.484，假设H4b成立，即生产现场技术改进（TP2）对质量管理（PP）在1%的显著性水平下起显著正向影响作用；生产线技术改进（TP3）对质量管理（PP）回归成立，p=0.000，小于0.01，未标准化回归系数为0.476，假设H4c成立，即生产线技术改进（TP3）对质量管理（PP）在1%的显著性水平下起显著正向影响作用；生产浪费识别技术改进（TP4）对质量管理（PP）回归成立，p=0.000，小于0.01，未标准化回归系数为0.200，假设H4d成立，即生产浪费识别技术改进（TP4）对质量管理（PP）在1%的显著性水平下起显著正向影响作用。由以上实证分析结果可知，生产技术改进对质量管理起显著正向影响作用，即实行生产技术改进是提升我国高科技制造公司质量管理的重要因素。

五、质量管理与生产绩效的关系

下面将根据实证分析和已有文献以及相关的质量管理和生产绩效理论论述，探究质量管理与制造公司生产绩效的实证关系模型，主要利用411份调查问卷有效样本数据分析质量管理对制造公司生产绩效的影响作用（见表4-30），并根据实证分析结果对质量管理和制造公司生产绩效之间的因果关系进行分析。

表 4-30 质量管理对生产绩效的影响作用（N=411）

		未标准化回归系数	t	Sig.
自变量	常数	2.647E-16	0.000	1.000
	QM_BASE	0.574***	23.903	0.000
	QM_CORE	0.659***	27.425	0.000
R^2		0.764		
调整后的 R^2		0.763		
F		661.729		
Sig.		0.000		

注：* 表示 p ＜ 0.1；** 表示 p ＜ 0.05；*** 表示 p ＜ 0.01。

质量管理与制造公司生产绩效的多元线性回归分析结果如表 4-30 所示，其中，回归模型拟合优度 R^2=0.764，调整后的拟合优度 R^2=0.763，说明回归模型中的因变量生产绩效发生波动超过 70% 的原因可由质量管理的基础维度（QM_BASE）和质量管理的核心维度（QM_CORE）解释；F=661.729，显著性水平 p=0.000，小于 0.01，说明整体回归模型在 1% 的显著性水平下显著成立。质量管理的基础维度（QM_BASE）对生产绩效（PP）回归成立，p=0.000，小于 0.01，回归系数为 0.574，假设 H5a 成立，即质量管理的基础维度（QM_BASE）对生产绩效在 1% 的显著性水平下起显著正向影响作用；质量管理的核心维度（QM_BASE）对生产绩效（PP）回归成立，p=0.000，小于 0.01，回归系数为 0.659，假设 H5b 成立，即质量管理的核心维度（QM_BASE）对生产绩效在 1% 的显著性水平下起显著正向影响作用。由以上实证结果可知，质量管理对制造公司生产绩效起显著正向影响作用，即实行质量管理是提升我国高科技制造公司生产绩效的重要因素。

第五节　质量管理的中介作用

下面将探讨质量管理的中介作用，即精益生产、生产技术改进能否通过质量管理对生产绩效产生影响。这里共进行了5次回归分析，分别是精益生产对生产绩效的回归分析、生产技术改进对生产绩效的回归分析、精益生产对质量管理的回归分析、生产技术改进对质量管理的回归分析、质量管理对生产绩效的回归分析。

一、质量管理在精益生产与生产绩效之间的中介作用

下面将根据理论研究、已有文献以及精益生产、质量管理和生产绩效相关的理论论述，探究质量管理在精益生产与制造公司生产绩效之间的中介作用。主要利用411份调查问卷有效样本数据分析精益生产及其子维度和质量管理及其子维度之间的相关关系，精益生产对质量管理的影响作用，精益生产、质量管理和生产绩效三者之间的关系，并根据实证分析结果对质量管理在精益生产和制造公司生产绩效之间的中介作用进行分析。

为探究质量管理在精益生产和生产绩效之间的中介作用，本书构建了3个模型，并对其结果进行分析。

模型1：将自变量精益生产与因变量生产绩效进行回归检验。

模型2：将自变量精益生产与中介变量质量管理进行回归检验。

模型 3：将自变量精益生产、中介变量质量管理与因变量生产绩效同时进行回归检验。

对以上 3 个模型进行多元回归分析，结果如表 4–31 所示。

表 4–31　精益生产、质量管理、生产绩效多元回归（N=411）

	模型 1（因变量：生产绩效）	模型 2（中介变量：质量管理）	模型 3（因变量：生产绩效）
自变量：精益生产	0.803^{***}	0.889^{***}	0.138^{***}
中介变量：质量管理			0.749^{***}
R^2	0.645	0.763	0.790
F	656.437^{***}	744.362^{***}	1541.884^{***}
Sig.	0.000	0.000	0.000

注：* 表示 $p < 0.1$；** 表示 $p < 0.05$；*** 表示 $p < 0.01$。

（1）在模型 1 中，自变量精益生产对因变量生产绩效回归显著，回归模型拟合优度 R^2=0.645，说明模型 1 中因变量生产绩效超过 60% 的总体变异可由自变量精益生产解释；F=656.437，p=0.000，说明回归模型在 1% 的显著性水平下整体显著，且回归系数 β =0.803，相应的 p=0.000，小于 0.01，说明自变量精益生产对因变量生产绩效在 1% 的显著性水平下起显著正向影响作用，因此模型 1 满足中介效应三步检验法的第一步，同时假设 H1 得到验证。

（2）在模型 2 中，自变量精益生产对中介变量质量管理回归显著，回归模型拟合优度 R^2=0.763，说明模型 2 中中介变量质量管理超过 70% 的总体变异可由自变量精益生产解释；F=744.362，p=0.000，说明回归模型在 1% 的显著性水平下整体显著，且回归系数 β =0.889，相应的 p=0.000，小于 0.01，说明自变量精益生产对中介变量质量管理在 1% 的显著性水平下起显著正向影响作用，模型 2 满足中介效应三步检验法的第二步，同时假设 H3 得到验证。因此，在中介效应检验中自变量与中介变量、因变量的因果关系都显著。

（3）在模型 3 中，当质量管理作为中介变量加入回归模型后，回归模型拟合优度 R^2=0.790，说明模型 3 中因变量生产绩效将近 80% 的总体变异可由自变量精益生产和中介变量质量管理解释；F=1541.884，p=0.000，说明回归模型在 1% 的显著性水平下整体显著；精益生产的回归系数 β=0.138，相应的 p=0.000，小于 0.01，质量管理的回归系数 β=0.749，相应的 p=0.000，小于 0.01，说明自变量精益生产、中介变量质量管理对因变量生产绩效在 1% 的显著性水平下起显著正向影响作用。同时发现，模型 3 中与模型 1 中自变量精益生产系数均在 1% 的显著性水平下显著，但是模型 3 中自变量精益生产系数的绝对值小于模型 1，说明建立的模型 1、模型 2 和模型 3 满足中介效应三步检验法。由此可知，质量管理在精益生产与公司生产绩效之间起部分中介作用。

二、质量管理在生产技术改进与生产绩效之间的中介作用

下面将根据理论研究、已有文献以及生产技术改进、质量管理和生产绩效相关的理论论述，分析质量管理在生产技术改进和生产绩效之间的中介作用。主要利用 411 份调查问卷有效样本数据分析生产技术改进及其子维度和质量管理及其子维度之间的相关关系，质量管理对生产绩效的影响作用，生产技术改进、质量管理和生产绩效三者之间的关系，并根据实证分析结果对质量管理在生产技术改进和制造公司生产绩效之间的中介作用进行分析。

为探究质量管理在生产技术改进与生产绩效之间的中介作用，本书

构建了 3 个模型，并对其结果进行分析。

模型 1：将自变量生产技术改进与因变量生产绩效进行回归检验。

模型 2：将自变量生产技术改进与中介变量质量管理进行回归检验。

模型 3：将自变量生产技术改进、中介变量质量管理、因变量生产绩效同时进行回归检验。

对以上 3 个模型进行多元回归分析，结果如表 4–32 所示。

表 4–32　生产技术改进、质量管理、生产绩效线性回归（N=411）

	模型 1（因变量：生产绩效）	模型 2（中介变量：质量管理）	模型 3（因变量：生产绩效）
自变量：生产技术改进	0.858***	0.923***	0.365***
中介变量：质量管理			0.534***
R^2	0.736	0.779	0.851
F	718.293***	1141.958***	2336.096***
Sig.	0.000	0.000	0.000

注：* 表示 p ＜ 0.1；** 表示 p ＜ 0.05；*** 表示 p ＜ 0.01。

（1）在模型 1 中，自变量生产技术改进对因变量生产绩效回归显著，回归模型拟合优度 R^2=0.736，说明模型 1 中因变量生产绩效超过 70% 的总体变异可由自变量生产技术改进解释；F=718.293，p=0.000，小于 0.01，说明回归模型在 1% 的显著性水平下整体显著，且回归系数 β =0.858，相应的 p=0.000，小于 0.01，说明生产技术改进对生产绩效在 1% 的显著性水平下起显著影响作用，模型 1 满足中介效应三步检验法的第一步，同时假设 H2 得到验证。

（2）在模型 2 中，自变量生产技术改进对中介变量质量管理回归显著，回归模型拟合优度 R^2=0.779，说明模型 2 中中介变量质量管理超过

70% 的总体变异可由自变量生产技术改进解释；F=1141.958，p=0.000，小于 0.01，说明回归模型在 1% 的显著性水平下整体显著，且回归系数 β=0.923，相应的 p=0.000，小于 0.01，说明生产技术改进对质量管理在 1% 的显著性水平下起显著影响作用，模型 2 满足中介效应三步检验法的第二步，同时假设 H4 得到验证。因此，在中介效应检验中自变量与中介变量、因变量的关系都显著。

（3）在模型 3 中，当质量管理作为中介变量加入回归模型后，回归模型拟合优度 R^2=0.851，说明模型 3 中因变量生产绩效将近 80% 的总体变异可由自变量生产技术改进和中介变量质量管理解释；F=2336.096，p=0.000，小于 0.01，说明回归模型在 1% 的显著性水平下整体显著；生产技术改进的回归系数 β=0.365，相应的 p=0.000，小于 0.01，质量管理 QM 的回归系数 β=0.534，相应的 p=0.000，小于 0.01，假设 H7 得到验证。同时发现，模型 3 与模型 1 中的自变量生产技术改进系数均在 1% 的显著性水平下显著，但是模型 3 中自变量生产技术改进系数的绝对值小于模型 1，说明建立的模型 1、模型 2 和模型 3 满足中介效应三步检验法。由此可知，质量管理在生产技术改进与公司生产绩效之间起部分中介作用。

第六节　检验结果分析与讨论

通过以上的实证分析过程，可以明晰变量精益生产、生产技术改进、质量管理及生产绩效之间的关系，下面将对结果进行汇总与讨论。

一、实证结果汇总

通过前面的实证过程，可以获得关于高科技制造公司精益生产、生产技术改进、质量管理及生产绩效间因果关系的实证结果。在此基础上，对假设做出总结，如表 4–33 所示。

表 4–33　假设汇总

假设编号	假设	假设结果
H1	精益生产对制造公司生产绩效具有显著正向影响作用	假设成立
H2	生产技术改进对制造公司生产绩效具有显著正向影响作用	假设成立
H3	精益生产对制造公司质量管理具有显著正向影响作用	假设成立
H4	生产技术改进对制造公司质量管理具有显著正向影响作用	假设成立
H5	质量管理对制造公司生产绩效具有显著正向影响作用	假设成立
H6	质量管理在精益生产与制造公司生产绩效之间起中介作用	假设成立
H7	质量管理在生产技术改进与制造公司生产绩效之间起中介作用	假设成立

二、检验结果与讨论

通过相关分析和多元线性回归分析证实了高科技制造公司精益生产、生产技术改进、质量管理以及生产绩效 4 个变量之间存在显著相关关系和因果关系，下面将对实证分析的结果进行分析和讨论。

1. 精益生产和生产绩效关系的讨论

通过精益生产与制造公司生产绩效的相关分析和多元回归分析，证实了精益生产与制造公司生产绩效之间的关系，其中，精益生产的子维度公司文化、员工参与和生产环境对公司生产绩效起显著的正向影响作用。制造公司在提高公司生产绩效时要从公司文化、员工参与和生产环境三个方面开展工作。

在经济转型阶段，我国制造公司面临众多问题，例如库存过多、产品同质化严重、生产成本较高等，而精益生产模式有助于解决以上各种问题，适合于当前我国的高科技制造公司。精益生产模式起源于20世纪60年代，日本丰田汽车公司将精益生产模式应用于公司的生产、管理和组织，后来经过几十年的发展和完善，被世界范围内的众多制造公司所运用，并得到了很高的评价。我国制造公司特别是高科技制造公司也逐渐认识到精益生产的作用，对于精益生产模式给予了广泛的认可和很高的评价。国内第一家引进精益生产模式的制造公司是中国一汽，以此提升了公司的质量管理能力和竞争力，随后上海宝钢等公司也引入了精益生产模式，精益生产模式凭借其科学性、合理性和先进性在全国范围内被广泛推广和应用。自从我国制造公司引入精益生产模式以来，部分制造公司的生产绩效有了提升，但是大部分制造公司并未掌握精益生产模式的精髓。进入21世纪，制造公司由于竞争异常激烈导致公司利润很低，同时面临资金不足、资源短缺等问题，发展面临着巨大困难。

传统的大批量生产模式已经越来越不能满足客户需求，这也是导致制造公司竞争力下降的主要原因之一。实施精益生产模式，采取小批量、多品种生产方式，按照公司的生产能力、市场需求进行生产，不仅可以缩短生产周期，降低成本，而且能够提升或改进质量，提高市场占有率。因此，精益生产模式对公司竞争力和生产绩效的影响机制和路径是制造公司一直重点关注的问题。

2. 生产技术改进和生产绩效关系的讨论

通过生产技术改进与制造公司生产绩效的相关分析和多元回归分析，证实了生产技术改进与生产绩效之间的关系，其中，生产技术改进的子维度生产设计技术改进、生产现场技术改进、生产线技术改进和生产浪费识别技术改进对生产绩效存在显著的正向影响作用。制造公司制定生产技术改进机制时要在生产设计技术改进、生产现场技术改进、生产线技术改进和生产浪费识别技术改进4个方面齐驱并驾。在激烈的市场竞争中，制造公司想要获得竞争优势，提升企业生产绩效，需要积极做好以下几项工作。

（1）制造公司内部的交流氛围应自由、开放，保证公司内部团队成员之间、公司内部团队和外部团队之间、公司内部不同团队之间的学习交流高效、通畅，信息传播快捷。在自由、友好的交流氛围中，制造公司可以构建知识和信息共享机制，并用于实践，促进生产技术呈现螺旋式上升，使制造公司的核心竞争能力持续提升，进而促进公司生产绩效。营造良好的自由、友好的交流氛围，可以从倡导勇于发表建议、宽容失败的精神开始。

（2）制造公司管理层应首先评估生产技术改进所面临的风险大小，然后要敢于实践、允许失败，否则就不会有改进。制造公司应积极开展先进生产技术培训以及创造性思维的训练，鼓励员工分享知识和信息，持续进行学习，同时要构建完善的创新激励机制，让员工时刻了解、把握最先进的生产技术，为今后的生产技术改进做铺垫。

（3）制造公司对于勇于创新的精神应予以表扬。在生产技术改进过程中，要增加改进团队的自主权，使员工可以自由地发表自己的观点，积极主动地参与生产技术改进，促进员工的创新意愿，同时应勉励员工不仅要争取超越已有的研究结果，也要勇于探索未知领域，从而形成足够自由的创新环境。

（4）制造公司应提升生产技术改进强度，保证生产技术改进所需的经费。为保证具有充足的研发经费，制造公司在做本年度经费预算时，应做到如下3点：归纳总结上一年度经费支出水平；本年度想要达到预期的生产技术改进水平所需的经费数额；参考生产技术改进团队的专业意见。当团队在生产技术改进遇到困难时，制造公司应及时增加研发经费预算。只有生产技术改进氛围浓厚，又有充足的经费，员工才有发挥的空间。

（5）为了向公司员工传递公司重视创新的理念，增强生产技术改进团队成员的创新意愿，当员工在生产技术改进过程中做出突出贡献时，公司应给予物质和非物质两个层面的奖励。

3. 质量管理的中介作用讨论

实证分析结果和相关研究文献表明，质量管理在精益生产、生产技术改进与生产绩效间具有部分中介作用。质量管理部分中介作用的存在，揭示了精益生产、生产技术改进对公司生产绩效的内在作用机理，即精益生产、生产技术改进既可以对生产绩效起直接影响作用，也可以影响质量管理，进而间接影响生产绩效。

（1）质量管理在精益生产与生产绩效之间的中介作用讨论。

质量管理在精益生产和生产绩效之间的中介作用机制具体为：质量管理重视人在其中所起的作用，要求制造公司重视客户需求，应用统计分析工具，重视产品质量、产品设计，这些活动可以显著降低生产成本，减少残次品出现的概率和生产原料的浪费，进而提升产品质量，高质量的产品将促进财务指标、竞争指标和客户满意度的提升，进而提升公司生产绩效。同时，在生产过程中企业始终高度重视客户需求，各个部门和生产环节均融入了客户的真正需求，将最大限度地提升客户满意度，促进产品销售，进而提升企业的生产绩效。此外，企业高度重视供应商和客户，使得规范化和标准化的生产流程日益稳定，企业的生产效率得到提升，生产成本得到降低，增强企业的竞争优势，从而提升公司生产绩效。

下面分别归纳总结质量管理的基础维度和核心维度在精益生产和公司生产绩效之间的部分中介作用。

第一，基础维度。公司管理层的承诺和员工参与能够促进团队之间和员工之间知识、信息和资源的共享、交流，点燃员工的创新及参与激情，提升自身的创新能力、优化自身的知识，并将自己的创新想法和意识付诸实践，从而提升公司生产绩效。供应商管理和客户导向对于制造公司和供应商、制造公司和客户之间的关系都有促进作用，对于制造公司获取外部市场信息和先进生产技术、获取并识别有益的客户需求等均有提升作用，当制造公司高效吸收外部知识时，其创新能力和创新知识基础都得到了显著提升，从而提升公司生产绩效。

第二，核心实践。在过程管理中，当对过程进行持续监控时，可以发现过程管理中存在的问题，并对该问题进行解析，研究出现问题的根本原因，从而形成惯例，保证在制造公司内部高效地分享和传递工艺、知识、技术和规范的流程等，促进生产技术改进的顺利进行，同时促进员工学习自己所需的技能，并最终转化为公司生产绩效。在产品设计过程中，需要制造公司的不同部门共同参与，这样可以开发员工的创新意识，提升员工的知识储备，整合并传递不同领域的知识，有助于制造公司优化生产流程，设计出功能更多、质量更高的产品，从而提升公司生产绩效。制造公司每天都会接收和制造海量的数据资源，如何在海量的数据中挖掘有用的信息是制造公司需要考虑的问题，而信息分析的用处就在于此，它可以使信息在制造公司内部高效分享，有助于生产技术改进，积累制造公司所需的知识资源，从而提高公司生产绩效。

（2）质量管理在生产技术改进与生产绩效之间的中介作用讨论。

当下竞争日益激烈的市场迫使制造公司不断地提升竞争力和生产绩

效，质量管理若要进一步优化与提升，离不开更为先进的生产技术，生产技术改进为质量管理带来了新的技术、组织和管理方法，不断推动制造公司提高生产绩效。因此，生产技术改进不仅能够对公司生产绩效产生直接影响，还可以通过质量管理对公司生产绩效起间接影响作用。制造公司质量管理过程既涉及基础维度也包含核心维度，其中基础维度主要包括供应商、企业管理层支持、员工和客户等因素，核心维度主要包括产品设计和生产流程等因素，这些维度对制造公司产品质量具有正向影响作用，进而提升了公司生产绩效。

下面具体分析制造公司实行生产技术改进将对质量管理的子维度起显著影响作用，进而影响公司生产绩效的机制和路径。

第一，生产技术改进对公司管理层的影响。公司管理层作为公司发展的战略指挥官，会对制造公司的政策和战略的制定等方面提出更高的要求。

第二，生产技术改进对客户和供应商的影响。制造公司的政策和战略提升又会随着生产技术改进的应用加以提升，这种提升作用也体现在客户与控制、流程和产品设计的关系中，以及供应商与控制、流程和产品设计的关系中。

第三，生产技术改进对员工的影响。员工管理对产品设计和流程具有影响作用，当生产技术改进程度逐渐加深时，产品设计对流程的影响作用也逐渐增强，这主要是由于生产技术改进逐渐深入所带来的影响效应。

第四，生产技术改进对生产过程的影响。生产技术改进影响了生产过程，进而对公司生产绩效产生重要影响。生产技术改进促进了统计操控、流程管理、生产设备维护和数据挖掘等生产过程。当生产技术改进水平增强时，生产过程会变得高效、广泛、规范和稳定，使产品可靠性更高，规格满足要求，获得用户的一致满意，促进公司生产绩效。

第五，生产技术改进对产品设计的影响。产品设计提升了公司生产绩效，而生产技术改进则增强了产品设计对生产绩效的提升作用。当增强生产技术改进程度时，基于数字技术和人工智能等的工具、设计方法促进了产品设计水平。生产技术改进影响产品设计的有效路径是：设计人员对生产技术改进由不熟练到掌握再到熟练，设计能力逐渐提升；设计人员的数据分析能力逐渐提升；设计过程逐渐变得规范；设计人员采纳了越来越多参与主体的有效建议，从而提升制造公司生产绩效。

【本章小结】

基于已通过信度和效度检验的样本调查数据，本章首先进行受访者概要描述。其次开展典型相关分析和回归分析，从而验证研究假设是否成立。本章对提出的 7 个假设进行了实证检验，研究结果表明：精益生产、生产技术改进对制造公司生产绩效具有显著正向影响；精益生产、生产技术改进对质量管理具有显著正向影响；质量管理对制造公司生产绩效具有显著正向影响；质量管理在精益生产、生产技术改进与制造公司生产绩效之间具有部分中介作用。最后，从高科技背景下的制造公司角度，深入分析了精益生产、生产技术改进、质量管理与公司生产绩效之间的因果关系和作用机理。

第五章　案例分析

为进一步佐证本书的研究假设，本章选用了较具代表性的我国高科技制造公司中芯国际以及作者所在的江西省高科技制造公司江西佳时特公司作为案例公司做进一步研究。首先，对案例公司中芯国际进行了简要介绍；其次，从精益生产、生产技术改进、质量管理和生产绩效 4 个变量及其子维度出发对公司的现状进行分析，并对中芯国际在精益生产、生产技术改进、质量管理和生产绩效这 4 个方面取得的成效进行剖析，同时将该公司所取得的成果与芯片行业的龙头企业台积电进行了比较分析。最后用江西佳时特公司作为补充例证，同样从精益生产、生产技术改进、质量管理和生产绩效这 4 个变量及其维度对公司的现状进行分析，并对公司在精益生产、生产技术改进、质量管理和生产绩效这 4 个方面取得的成效进行分析。通过两个相关案例分析，进一步强化佐证本书研究假设。

第一节　中芯国际公司简介

中芯国际总部位于上海，成立时间为 2000 年 4 月 3 日。2004 年公司在港交所和纽交所同时上市，2019 年中芯国际退出纽交所，2020 年 7 月 7 日在上海证券交易所的科创板上市，上市当天的市值超过 6000 亿元。截至 2023 年 10 月 27 日，中芯国际发行的普通股股数超过 79 亿股。

中芯国际前后在国内外获得 60 多个奖项，包括第四届工业大奖、中国电子信息百强企业等。中芯国际不仅在国内是晶圆代工的代表，也是世界先进晶圆代工厂。中芯国际在上海、北京、深圳等地均建有工厂，在美国、欧洲和中国香港等地都建立了代表处，销售系统和售后服务系统遍布全球，构建了全球化的服务基地和制造基地，为全球各地客户提供优质服务。中芯国际与许多芯片设计公司进行了密切合作，客户遍布世界各地，依靠自身强大的实力，在全世界具有显著的品牌效应。中芯国际作为国际领先的集成电路晶圆代工企业，公司的技术与产品可为电脑、数字产品、汽车等领域提供各项业务，包括芯片晶圆代工、光掩模制造等，晶圆代工为主营业务，其余均为配套业务。

（1）芯片晶圆代工。中芯国际与上下游企业全力合作，为客户提供全面的生态服务和完善的芯片解决方案，在国内推出了包括基于 24 纳米的 NAND 在内的领先工艺平台，并且与相关领域企业合作，在相关细分市场的占有率持续扩展。中芯国际具有射频、逻辑电路等多种工艺的量产能力，为客户提供各种代工业务，例如智能产品、消费电子等终端应用，而台积电则主要是为客户提供高性能计算等终端应用（见表 5–1）。

（2）设计服务与 IP 支持。目前芯片行业在光掩模、封装和设计服务等技术领域快速发展，各类新型封装技术在多芯片集成的融合度提升、晶体管线宽极限突破等方面均可以提供系统性解决方案。在设计服务领域，设计工艺协同优化评估和调整了具体设计和工艺匹配，有效地降低了芯片开发的成本和使用风险。中芯国际晶圆代工业务和设计服务与 IP 支持之间具有密切联系，客户对芯片设计和 IP 设计的需求都能得到满足，且中芯国际能为客户提供不同服务，例如第三方 IP、设计支持、自研 IP、参考设计流程等。

（3）光掩模制造。光掩模作为芯片制造产业链上的核心关键工具，随着掩模工艺和介质材料的进化，进一步提升了设计图形光刻的工艺表现。中芯国际作为国内技术领先的企业，对光掩模极为重视，配备国内最先进也是最大的光掩模制造设施，可为客户提供包括相移掩模在内的光掩模品种，目前可以生产 0.35 微米到 14 纳米之间的各技术节点光掩模产品。

（4）凸块加工及测试业务。凸块加工服务是指为在晶圆上实现芯片的凸块和重布线生产，在 8 英寸或 12 英寸晶圆的基础上，采用的高精密曝光、电镀和离子处理等工艺。中芯国际成功研发并大规模提供配套 0.35 微米至 14 纳米工艺所需的高密度中段凸块加工服务。

表 5-1　中芯国际和台积电集成电路晶圆制造代工收入占比（2022 年）

中芯国际		台积电	
智能手机	27.00%	高性能计算	41.00%
智能家居	14.10%	智能手机	39.00%
消费电子	23.00%	物联网	9.00%
其他	35.90%	汽车	5.00%
		数字消费电子	3.00%
		其他	3.00%

数据来源：中芯国际和台积电 2022 年财务报表。

由此可知，中芯国际具有丰富的技术储备，足够为客户提供芯片制造所需的一系列服务。根据公司所处的行业地位和变化情况分析，中芯国际在国际上是领先的芯片晶圆代工企业之一，拥有领先的工艺制造能力、产能优势和服务配套。根据芯思想研究院发布的全球各纯晶圆代工企业 2022 年销售额排名，中芯国际位居全球第四位（见表 5–2），与台积电相比，二者之间仍存在较大差距。中芯国际未来将继续加强技术研发，坚持国际化发展策略，提升生产制造能力。

表 5–2　2022 年专属晶圆代工企业销售额排名

排名	公司	销售额	市场占有率
1	台积电	5093 亿元	63.14%
2	联电	627 亿元	7.77%
3	格芯	537 亿元	6.66%
4	中芯国际	485 亿元	6.01%
5	华虹集团	289 亿元	3.58%
6	力积电	171 亿元	2.12%
7	世界先进	116 亿元	1.52%
8	高塔半导体	113 亿元	1.40%
9	晶合集成	104 亿元	1.29%
10	东部高科	92 亿元	1.14%

数据来源：芯思想研究院。

第二节　江西佳时特公司简介

江西佳时特公司(曾用名：江西佳时特数控技术有限公司)，成立于2004年，位于江西省南昌市，是一家以从事通用设备制造业为主的企业。企业紧跟“中国制造2025”制造强国战略，以生产柔性化、数字化、自动化、高效化为目标，提出“5G+小单元、标准化”模式的“智慧岛链”(柔性自动化生产线)，并以高精密智能机床为基础，按照“5G+小单元、标准化”思路，构建了“5G+智慧岛链”柔性生产平台。基于5G技术对生产线各设备进行“智能感知”，使其在每个生产环节都能实时主动采集设备状态、运行参数、生产信息、工艺参数等信息，并将数据传递至上层的决策系统，实现生产线及设备的远程监控及远程运维，实现了“物物相联”的制造现场“智能决策”。该平台包括高精密智能机床、“小单元控制+标准化组件”构建的柔性生产线、生产资源管理、生产准备和制造执行过程的计算机辅助工艺规划系统（CAPP)、制造执行系统（MES)、分布式数控系统（DNC)、生产线制造过程管控的线边集成控制系统、支撑数字化制造的中央集中监控系统（CMS)、商务智能系统（BI）等。高精密智能机床采用先进的直线电机驱动技术，具有高精度和重复定位精度，可以实现车、铣、磨三种工艺于一体；小单元、标准化生产线设计包括加工、物流、清洗、检测和存储等单元，可以快速复制和灵活控制；生产管理平台涵盖了资源管理、生产准备和制造执行过程；智能控制平台实现了生产线制造过程管控和协同作业；智能决策平台则用于设备远程监控、远程运维和智能运营管控。

第三节　中芯国际企业现状

为进一步了解公司现状以便于研究高科技制造公司精益生产、生产技术改进、质量管理及生产绩效之间的关系，本节将从精益生产、生产技术改进、质量管理及生产绩效 4 个方面来描述中芯国际的现状。

一、精益生产现状

下面分别从供应商服务、客户服务、营销模式、生产模式和生产步骤等方面来分析中芯国际的精益生产现状。

1. 供应商服务

中芯国际基于与供应商合作共赢的理念，努力协助提升供应链中公司的社会责任管理能力，保障生产运营的稳定，确保对客户的高质量服务。中芯国际主要向供应商采购集成电路晶圆代工及配套服务所需的物料、零备件、设备及技术服务等。为提高生产效率、加强成本控制，公司建立了采购管理体系。公司拥有成熟的供应商管理体系和较为完善的供应链安全体系，建立了供应商准入机制、供应商考核与评价机制及供应商能力发展与提升机制，在与主要供应商保持长期合作关系的同时，兼顾新供应商的导入与培养，加强供应链的稳定与安全。

2. 客户服务

客户服务是中芯国际企业文化的核心价值之一，中芯国际始终秉持客户导向原则，致力于向客户提供卓越的服务。中芯国际凭借卓越的制造、技术和服务，有很强的信心执行客户服务战略，并通过多项战略为客户提供卓越的服务以实现共同成功。为及时了解和满足客户的需求，中芯国际的专业客户服务团队分布在上海、北京、天津、深圳以及美国圣何塞、日本东京等全球多个地区，能够提供覆盖全球范围的客户服务。中芯国际还建立了一套完善的系统来追踪和处理客户投诉，所有客户投诉都有相关部门及时调查并按照流程及时处理。在客户端，中芯国际充分发挥其定位优势，积累了广泛的客户和产品资源。相对于国内竞争对手，中芯国际与境内外领先芯片设计厂商建立了长期稳定的合作关系，通过掌握行业、产品最新科学技术动态，掌握客户最新需求。中芯国际通过对芯片产品及时的更新升级，保障了企业在产品市场的竞争优势，同时持续吸收同行业产品的优点，不断完善产品的性能，提高产品质量水平。相对于国外竞争对手，中芯国际更加贴近、更加了解本土市场，能够快速响应本土客户需求，在国货优先的大背景下，具有不可比拟的竞争优势，可充分享受国内市场发展的红利。

3. 营销模式

中芯国际采用多种营销方式，积极通过各种渠道拓展客户：一是通过公开渠道直接拓展客户，例如口碑传播、公开网站等；二是在市场研究的基础上，主动拓展目标客户；三是通过与封装测试厂商、设计服务公司、芯片行业协会、IP 供应商、各集成电路产业促进中心和 EDA 厂商密切合作，以此来拓展客户；四是通过举办半导体行业各种专业会展、技术研讨会、论坛和峰会等活动拓展客户。公司销售团队与客户签订订单，并根据订单要求提供集成电路晶圆代工以及相关配套服务，制造完成的产品最终将被发货至客户或其指定的下游封装、测试厂商处。

4. 生产模式

中芯国际按市场需求规划产能，并按计划进行投产，具体包括如下 3 种生产模式。

（1）小批量试产。客户按照公司提供的设计规则进行产品设计，设计完成后，公司根据客户的产品要求进行小批量试产。

（2）风险量产。小批量试产后的样品经封装测试、功能验证等环节，如符合市场要求，则进入风险量产阶段。风险量产阶段主要包括产品优良率提升、生产工艺能力提升、生产产能拓展等。

（3）批量生产。风险量产阶段完成且上述各项交付指标达标后，进入批量生产阶段。在批量生产阶段，销售部门与客户确认采购订单量，生产计划部门根据客户订单需求安排生产、跟踪生产进度并向客户提供生产进度报告。

5. 生产步骤

中芯国际产品生产步骤分为生产策划、生产准备、生产过程管理和产品入库等 4 个阶段，具体如下。

（1）生产策划阶段。在此阶段，销售部门根据向客户调查获得的数据资料，进行趋势预测，进而与客户签订合作计划；生产计划部门在工艺技术准备情况、客户订单和需求的基础上制定生产计划。

（2）生产准备阶段。在此阶段，物料规划部门按照生产计划，制定原材料采购计划；采购部门按照采购计划及时购买原材料；生产计划部门根据购买的原材料制定投产计划。

（3）生产过程管理阶段。在此阶段，生产部门根据投产计划和生产计划安排生产；质量管控部门监督产品质量；生产计划部门监督产量、进度和周期等。

（4）产品入库阶段。在此阶段，产品经过全部生产流程，再经过检验合格后，即可保存入库。

二、生产技术改进现状

在日常生活中芯片被广泛应用，芯片是信息化建设的基石，与民生相关的医疗、手机、家用电器和电脑等均离不开芯片。近年来，随着机器人、无人机和新能源汽车的出现，芯片的应用范围持续扩大。从国内情况来看，受益于本土科技创新举措对智慧物联、绿色能源等数字技术产业化的推动，芯片设计业的产品种类不断延展，成为晶圆代工产业规模与工艺技术进一步发展的重要驱动力。与此同时，本土集成电路产业规模依然无法满足市场实际需求，产业的工艺技术能力相比全球领先企业存在一定差距，芯片产业核心技术匮乏，尤其是高端芯片长期依靠进口。而想要发展芯片产业，达到世界一流水平，需要投入大量资金、人力和物力，持续进行生产技术改进。中芯国际属于芯片晶圆代工行业，立足专业的技术团队和强大的研发能力对工艺进行整合集成，研发过程涉及材料学、化学、半导体物理、光学、微电子和量子力学等诸多学科，晶圆代工的运营过程对质量体系、原材料、环境、生产设备和能源等都有严格的要求。下面分别从技术、人才、资金投入和产业布局等方面来分析中芯国际的生产技术改进现状。

1. 技术

芯片晶圆代工具有研发周期长、工艺技术迭代快、研发投入大等特点，涉及多门学科知识，属于技术密集型行业，需要经历前期的技术论证及后期的不断研发实践，周期较长。同时，新工艺的研发过程较为复杂，耗时较长且成本较高，存在不确定性。而且芯片在终端具有不同的应用场景，导致产品的主流技术节点和工艺在细分领域存在较大不同，相应市场需求变化较快。如果公司不能及时推出符合市场需求且具备成本效益的技术平台，或技术迭代大幅落后于产品应用的工艺要求，可能导致产品质量较差，良品率较低，公司竞争力和市场份额有所下降，从而影响公司生产绩效。

中芯国际为了在激烈的国际竞争中具有领先优势，努力提升生产技术水平，一直以来坚持自主研发，与国内其他芯片公司相比，中芯国际在特色工艺上具有巨大的技术优势，拥有28纳米多晶硅、40/45纳米标准逻辑制程低漏电技术和HKMG技术等主要研发平台。公司以市场需求为研发导向，在持续升级成熟工艺的同时，重视生产技术改进，借助自身强大的研发团队和研发体系，进行工艺技术升级，压缩研发周期，不断满足客户持续更新的需求。同时，中芯国际不断促进芯片产业链上下游之间的合作，为客户提供全面的芯片解决方案和良好的生态服务。构建了完善的研发支撑体系、完备的研发流程、专业的研发团队，在先进制程、特殊工艺、成熟制程等上面投入较多，技术基础雄厚，形成了技术壁垒，确保研发项目转化成研究成果。为了加速技术创新过程，中芯国际除了自主研发以外，对外部引进、与其他企业和高校的合作也非常重视。

多年来，中芯国际坚持自主研发的道路并进一步巩固自主化核心知识产权，在芯片领域内具有全面的知识产权体系，具有多项核心技术，仅2022年中芯国际就申请注册发明专利379件，其中包括实用新型专利21件（见表5-3）。中芯国际拥有全面一体的集成电路晶圆代工核心技术体系，可以有效地帮助客户降低成本，缩短产品上市时间。

表 5-3　中芯国际研发成果

研发成果	数量
2022 年发明专利	379 件
2022 年实用新型专利	21 件
发明专利累计总量	11079 件
实用新型专利累计总量	1790 件

数据来源：中芯国际 2022 年财务报表。

2. 人才

芯片行业包括了数千道工序、数十项专业技术课程，涉及复杂的技术工艺和繁杂的流程，且各个流程之间并非独立，要求技术人员具备更高的素质、更坚实的专业基础和更长久的技术积淀。同时，为了保证生产各个环节的工艺协调和控制误差，公司员工都要有长期的经验积累和强大的综合创新能力。因此，芯片公司持续发展和具有强大竞争力的基础是拥有核心人才和优秀的研发团队。

作为国内技术、规模、工艺能力一流的芯片晶圆代工公司，中芯国际拥有良好的先发优势，在研发端构建了健全的研发创新体系，与其他芯片晶圆代工公司相比，中芯国际在团队、平台和技术等方面具有一定的竞争优势。芯片行业是高强度资本、人力投入的产业，中芯国际建立起先发优势后，持续地吸引行业内的顶尖科研人才加盟，对于国内有志于从事集成电路产业的优秀科研人才形成集聚效应。通过多年的平稳经营，中芯国际建成了高质量的研发队伍和经验丰富的管理团队，团队成员年龄结构科学合理，其中有初入职场的新生力量，充满精力和活力的中坚力量，也有研发经验丰富的技术专家。截至 2022 年 12 月 31 日，中芯国际员工数量为 21619 人，其中研发人员 2326 人，超过 10% 的员工为研发人员，且超过84.6%的研发人员的年龄低于40岁，硕士及以上学历员工为5100人，占员工总数的23.6%（见表5-4）。

团结高效的研发队伍是中芯国际生产技术改进的基础。同时，中芯国际通过产学研合作与IMEC（欧洲微电子研究中心）进行合作，并和国内众多985高校合作成立了集成电路先导技术研究院，致力于打造国内领先、赶超世界的芯片工艺技术研发机构。中芯国际在拥有雄厚实力的合作伙伴和良好的研发环境的基础上，有力地保障了技术突破和技术升级的实现。

表5-4　中芯国际员工特征分析

员工类型	生产人员	销售人员	研发人员	行政人员
数量	16903	243	2326	2147
员工学历	博士	硕士	本科	大专及以下
数量	557	4543	8101	8418
研发人员年龄	小于30岁	30～40岁	40～50岁	大于50岁
数量	1154	814	332	26

数据来源：中芯国际2022年财务报表。

3. 资金投入

芯片晶圆代工行业属于技术密集型行业，而技术密集型公司的规模经济水平、产业集中度是影响其竞争力的主要因素，其中研发投入的比例和规模对规模经济水平起着重要的影响作用，公司投入巨资购买先进的生产设备、高质量的原材料可以提升规模经济水平，通过收购、并购、重组等方式也可以提升规模经济水平。中芯国际将营业收入的1/5用于升级现有工艺技术水平，以此来保持市场竞争优势，其研发投入虽然低于台积电，但仍持续高于行业平均水平，由此可知中芯国际对技术创新和生产技术改进的重视。

4. 产业布局

近年来，随着全球宏观产业形势的变化，芯片晶圆代工厂的产能规模效应和所在地产业链协同能力也已成为客户衡量供应链稳定性和完整性的重要因素之一。因此，中芯国际在专注自身工艺技术与平台建设的同时，也更加重视产业生态布局。公司秉持国际化管理理念，坚持国际化运营和全球化布局，建立了辐射全球的服务基地和运营网络，加强与上下游公司的战略合作关系，提升整体竞争能力。

芯片行业属于高科技行业，当行业下游对产品功能、性能和效率等方面的要求较高时，对芯片质量、性能等方面的要求就会相应提升，晶圆代工工艺的技术要求也相应提升。这对产业链上游的材料、工艺监测和生产设备等也提出了更高的要求，产业链上游需要投入巨资进行技术升级，提升整个产业链的发展水平。

同时，随着客户对产品的种类、质量和性能等方面要求的提升，行业下游应用持续向多元化方向发展，产品更新换代速度越来越快，给中芯国际带来了巨大的压力，要求中芯国际加快平台升级和缩短研发周期。作为国内成功实现 14 纳米工艺平台量产工作的公司，中芯国际先进工艺技术的突破，对获取下游应用市场的更高利润是有利的。随着行业的技术发展趋势愈加多元化，公司在纵向追求更小的晶体管结构的同时，持续利用已开发的工艺节点的生产线成本和性能优势，开展横向衍生平台建设，以满足庞大的终端市场的应用需求以及各细分市场中不同客户的差异化需求。当产业链下游客户对产品多元化的需求持续提升，与此相关的配套服务就成为中芯国际获得竞争优势的重要因素。

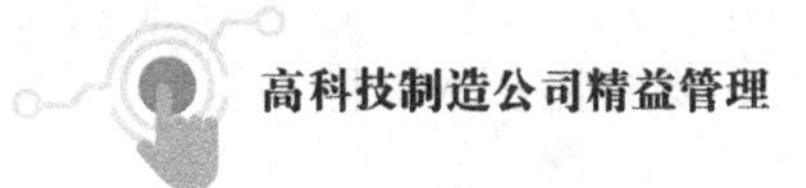

三、质量管理现状

中芯国际自建立之初，就对服务能力和产品质量特别重视，严格监管自身的产品和服务，因此在下游客户中的口碑一直很好，在业内具有较高的知名度。为保障产品从研发到量产所有环节的质量，中芯国际构建了保证产品质量的完善机制、可靠性保障和控制系统。同时，中芯国际装备有不同功能的器材和实验室，用于提升产品良品率、校准生产设备、研究产品失败的原因、检验和监控产品的可靠性、分析原材料、研究化学品等。为了保证产品品质的一致性，满足客户灵活性的需求，中芯国际采用“一大厂”概念，即在中芯国际的所有工厂，都将制程参数和生产设备调试到最优程度，实现良率水准和晶圆接受度测试相同。下面分别从经营管理模式、员工管理、质量控制、信息管理、供应商管理、客户管理、营销管理等方面来分析中芯国际的质量管理现状。

1. 经营管理模式

半导体芯片行业的经营管理模式主要分为3类：IDM模式、Fabless模式和Foundry模式。

IDM模式包含了芯片制造的所有步骤，从芯片设计开始，到晶圆生产，最后是封装测试等。该模式属于垂直整合制造模式，因此，实施IDM模式的芯片公司一般都拥有集成电路设计部门、晶圆制造厂和封装测试厂。其优点在于：技术潜力可以更好地被挖掘出来，更好地研发和突破新技术，且该模式将设计、制造和封装测试集中在一起，可以更好地优化各环节。其缺点在于：该模式的运行费用较高、管理成本较大，要求公司具备较强的技术实力、研发实力和资本实力，因此，只有因特尔、三星等芯片行业的传统大型公司才会选择IDM模式。

运用Fabless模式的企业主要从事芯片的设计、销售业务，不制造芯片，不从事封装测试业务。其优点在于：企业经营成本低、初始投资小、转型相对容易、轻资产；其缺点在于：该类型企业容易被上游企业和下游企业收购。运用 Fabless 模式的企业主要有联发科、海思、博通等。

Foundry 模式即晶圆代工模式，以集成电路制造为主营业务。采用 Foundry 模式的公司并不设计芯片，只负责制造、封装测试芯片。采用 Foundry 模式的公司和采用 Fabless 模式的公司对接，后者是根据市场用户需求设计芯片，而前者则是为芯片设计公司服务。当芯片产业链的专业化分工进一步细化时，产生了晶圆代工模式，即将 IDM 模式下的设计、制造和封装测试部门分别拆分为芯片设计公司、晶圆代工公司和封装测试公司。采用 Foundry 模式的公司投资大、运行费用高、技术突破较难，该类型公司在市场上的竞争力主要由先进制程和生产能力决定。采用 Foundry 模式的公司主要有台积电、格罗方德、联华电子和中芯国际等。

中芯国际结合市场供需情况、上下游发展状况、公司主营业务、主要产品、核心技术、自身发展阶段等因素，形成了目前的晶圆代工模式。经过多年发展，集成电路晶圆代工行业已形成较为明显的头部效应，即少数大型公司占据市场主导地位的行业生态。随着晶圆制造工艺难度的不断提高，相比垂直整合模式下的集成电路制造公司，专注于制程工艺的纯晶圆代工公司在生产效率、产品优良率、成本控制、规模效益、知识产权等方面的优势愈发显著，越来越多的集成电路设计公司和部分垂直整合公司倾向于与纯晶圆代工公司缔结长期和紧密的合作关系，以应对日趋激烈的行业竞争。

2. 员工管理

芯片行业属于人才密集型行业，芯片晶圆代工包括上千道工艺，这些工艺融合了数十门相关的学科知识，芯片晶圆代工的每一环节都需要极高的工艺配合和极低的误差控制，因此芯片晶圆代工公司的员工需要具有长期的技术经验和扎实的专业知识，这是公司保持产品质量的重要基础。近年来，芯片公司增长速度较快，公司之间展开激烈的人才争夺，导致优秀的芯片技术人才供给严重不足。如果公司有大量优秀的技术研发人才离职，而公司无法在短期内招聘到或培养出经验丰富的技术人才，可能影响到公司产品质量，对公司的生产绩效产生不利影响。

中芯国际对人才高度重视并制定了科学合理的管理制度、薪酬体系和人才政策，针对特别优秀的人才实施股权激励、股权赠与和绩效奖金等措施，吸收并稳定了大量优秀人才。中芯国际参考国内外优秀公司的质量管理经验，构建的人才发展和培育体系具有国际化、系统化和专业化等特点，提供不同的培训内容和课程给有需要的技术人员，事先定义人才标准，建立人才评价机制，以此来构建公司核心人才库。2020 年中芯国际运用在线培训、线下面对面和团队建设等多种形式，进行培训、教育和学习，覆盖了全部技术人员，次数达到 20 万次以上。

3. 质量控制

中芯国际多年来一直专注于芯片工艺技术的研发，具有逻辑电路、高压驱动等技术平台的量产能力，可以为用户提供智能家居、汽车、手机领域的芯片晶圆代工和配套服务。中芯国际通过长期与境内外知名客户的合作，在行业内具有良好的认知度和品牌效应。中芯国际质量管理和控制的深度和广度持续扩大，质量控制系统完善且全面，近年来已经获得了诸多认证，包括 ISO 26262，即道路车辆功能安全方面的认证，ISO 27001，即信息安全管理体系方面的认证，IATF 16949，即汽车行业质量管理体系方面的认证，等等。

4. 信息管理

中芯国际十分重视对核心技术的保护工作，制定了包括信息安全保护制度在内的一系列严格完善的保密制度，通过不断强化的安全团队和不断优化的物理环境管控、网络访问控制、加强身份认证、数据通信机密性、数据存储、机密性、数据使用可控性等多种信息安全技术，已经形成完整的机密信息的技术防控和监控体系，并和相关技术人员签署了保密协议及竞业限制协议，以确保核心技术的保密性。具体措施如下。

（1）强化信息资产密级分类，落实分级管理，切实保护公司知识财产机密信息。

（2）根据业务机密程度划分成不同等级的物理区域，优化了多级防护方案。

（3）建立关键、核心系统等日志收集分析管理平台，从而更好地对日常操作进行大数据分析，将数据的价值最大化，并以此平台为基础，构建了有效的违规事件警告与追踪机制。

（4）建立信息安全巡视督察部，使稽查力度得以加强。

（5）强化访客登记、门禁控制及监控系统，规范外来人员的安全访问。

（6）持续实施公司及客户机密信息访问控制机制，遵守授权访问、按需访问原则，进行统一管理。

（7）定期开展针对特定机密数据访问、传输及存储行为的相关审计，确保控制持续有效。

（8）持续实施信息安全事件监控、汇报、处理及流程优化，有效降低机密信息泄露风险，提升防控的有效性。

不过，由于技术秘密保护措施的局限性、技术人员的流动性及其他不可控因素，目前仍存在核心技术泄密的风险，导致在一定程度上削弱公司的技术优势并产生不利影响。

5. 供应商管理

芯片行业要求生产设备、原材料、软件和零配件具有较高的标准，部分核心生产设备、原材料、软件和零配件在世界范围内合格的供应商就一两家，且来自境外。因此，如果中芯国际所需的生产设备、原材料、软件和零配件发生延迟交货、价格大幅上涨甚至短缺，或者供应商所处的国家和 / 或地区与他国发生贸易摩擦、外交冲突、战争等进而影响到相应原材料、零配件、软件及设备等管制品的出口许可、供应，将可能会对公司生产经营及持续发展产生不利影响。

6. 客户管理

（1）客户服务现状。

为了更好地为客户服务和开拓市场，中芯国际在欧美日和中国台湾等地区建立了市场推广处，在中国香港地区建立了代表处，其运营网络和服务基地可以辐射世界各地，技术人员和管理人员都具有国际化背景。中芯国际特别重视和芯片产业链上下游公司的合作，建立紧密的芯片产业生态，提升产业链布局和整合的能力，为客户提供完善的芯片解决方案。中芯国际可以为客户提供逻辑电路芯片和射频芯片等在内的基于不同工艺平台的产品量产能力，提供包括 14 纳米先进工艺在内的多种产品和与晶圆制造相关的配套服务。中芯国际的客户主要包括汽车、电脑、智能手机和冰箱空调等与生活密切相关的领域，随着人工智能、机器人和新能源汽车的快速发展，中芯国际的客户范围将进一步扩展，其新型产品和服务也将持续升级。

（2）客户资源现状。

集中度较高是芯片晶圆代工下游行业的显著特点，而我国芯片晶圆代工行业的下游行业市场集中度相对分散。中芯国际经过多年的发展，在产品质量、技术和生产设备等方面都已成熟，可为客户提供全面的解决方案。中芯国际依靠良好的品牌效应、较高的用户口碑、先进的技术工艺、较高的行业认可度、较早的市场开发，为公司争取到了丰富的客户资源。

（3）与客户相关的风险。

中芯国际凭借在服务质量、研发实力、产能支持和产品质量等方面的优势，与主要客户建立了较为稳固的合作关系，但是仍然可能面临客户集中度过高或过低的风险。如果未来主要客户的生产经营发生重大问题，或因客户散、弱、小需要公司投入更多的销售、运营和生产成本，将对公司的业绩稳定性、经营效率、持续盈利能力和产品质量产生不利影响。

（4）客户需求现状。

与国外竞争对手相比，中芯国际立足于国内，更有利于开发芯片设计企业，成为其供应商，响应国内客户需求更及时，服务更完善，提升相互之间的合作等级。同时，中芯国际更容易把控国内客户需求，对国内市场需求感受更加直观，更容易布局国内市场。与国内其他芯片晶圆代工公司相比，中芯国际进入该行业的时间更早，在技术工艺方面具有先发优势，并与国外大型的芯片设计公司构建了长期合作关系，更容易把握客户需求的动态变化、生产技术改进方向，布局产品类型、方向更加精确，促进了中芯国际在国际上的竞争力。随着国内经济越来越好，芯片市场需求规模逐渐扩大，中芯国际的市场优势将越来越大。

7. 营销管理

（1）营销费用现状。

当公司销售费用越低时，则说明公司销售渠道越多，公司的产品竞争力越强。由中芯国际财务报表可知，公司在 2017—2020 年期间营销费用占营业收入的比例最小值为0.73%、最大值为1.07%，说明中芯国际的销售费用和销售渠道比较稳定。中芯国际的销售费用支出主要体现在销售人员支出和产品推广等方面，2017—2020年期间分别为2.29亿元、1.90亿元、1.82亿元及2.00亿元，可以发现中芯国际销售费用支出整体较为平稳。

（2）营销方式现状。

中芯国际的客户不是个人，而是公司，这种类型的公司通常被称为To B型公司。中芯国际的营销方式主要有：通过公开方式进行营销，例如口碑传播、企业网站宣传等；通过参加峰会、技术研讨会、专业会展和论坛等方式进行营销；通过与设计服务公司、封装测试厂商、行业协会、IP供应商、EDA厂商、各集成电路产业促进中心建立合作关系进行营销；通过市场调研，主动与目标客户联系，并向其推荐相应的产品，进而开展营销。营销方式的多少，也在一定程度上代表了企业销售能力的大小。

四、生产绩效现状

中芯国际的竞争优势明显，具有强大的研发团队、先进的技术系统和研发平台，创新系统和研发系统比较完整，并将技术研发和创新作为公司的核心。中芯国际从创立至今，始终注重国际化发展，近年来，公司在国际资本市场上积极进行融资，目前中芯国际的治理结构和背景已经逐渐国际化，并以国际化经营理念为指导，高度重视供应链的安全性，与芯片产业链的上游公司和下游客户之间形成了战略合作伙伴关系。但是若中芯国际不能取得良好的生产绩效，或者融资受到限制，导致公司没有足够的资金投入，势必会对公司的竞争优势产生影响。下面分别从财务绩效、竞争绩效和客户满意3个方面分析中芯国际的生产绩效现状。

1. 财务绩效

这里以营业收入、净利润率和毛利润指标来反映中芯国际的财务绩效现状。总体上中芯国际的营业收入、净利润率和毛利润呈现曲折中上升的态势，特别是2020年以后，各项指标显著上升，其原因是2020年行业景气提升，客户需求大，中芯国际落实了客户需求和产品结构匹配的措施，导致产品价格上升。

（1）营业收入现状。

中芯国际在2017—2020年期间的营业收入分别为213.90亿元、230.17亿元、220.18亿元及274.71亿元。可以发现，中芯国际的营业收入在2019年有显著的下降，2020年有显著的反弹。其原因是中芯国际在2019年受到某些外部因素的影响，这些影响冲击了中芯国际的运营，降低了中芯国际的营业收入，而2020年由于下游客户需求增加等一系列有利因素的影响，提升了中芯国际的营业收入。

（2）净利润率现状。

中芯国际的净利润率在2018年下降幅度较大，但是2019年有回升趋势。究其原因，可以总结为芯片价格下跌、利息净收入增加、实体投资收益提升、技术研发投入占比过高、外汇亏损减少等。

（3）毛利润现状。

中芯国际2017—2020年期间的毛利润分别为52.96亿元、52.98亿元、45.87亿元、65.33亿元。可以看出，中芯国际的毛利润整体上在曲折中上升，在2019年下降幅度较大，2020年上升幅度较大。其原因是中芯国际在2019年受到某些外部因素的影响，使供应链也受到影响，而2020年毛利润大幅度上升，主要是由于中芯国际应急能力较强，公司整体盈利能力较强。

2. 竞争绩效

中芯国际自成立以来，始终以客户需求为导向，不断提升研发能力，重视生产技术改进，促使其工艺技术越来越成熟。同时，中芯国际的研发创新体系逐渐完善，确保企业研发到产能一体化，提升了产品的质量，有效提升了企业的竞争绩效。多年来，中芯国际始终坚持构建国内领先、追赶世界的技术网络平台，坚持独立自主研发的思路。截至 2019 年 12 月 31 日，中芯国际在芯片行业已经累积了众多核心技术，申请注册专利 8122 件，其中境外专利 1595 件、境内专利 6527 件。同时中芯国际登陆科创板，在 A 股市场融入大量资金，这些资金可以作为储备流动资金和研发投入资金，使中芯国际专注于特色工艺技术平台和逻辑工艺技术平台的研发，关注产品质量，优化业务结构，改善竞争绩效，为客户带来更多价值，也为客户提供更优质的服务。

3. 客户满意

中芯国际拥有完善的产品和服务系统，以满足不同的需要，在行业内树立了良好的品牌形象，是国内设计公司首先选择的集成电路晶圆代工企业，品牌影响力显著。公司技术力量雄厚，生产实力强，服务系统完善，市场营销经验丰富，在全国范围内具有广泛的客户积累，在国际上确立了行业的领先地位。与国内的竞争对手相比，中芯国际在企业文化、营销理念、售后服务等多个领域有着更为紧密的合作关系，并且与境内外领先的芯片设计公司建立了稳固的合作关系，从而使公司能够及时掌握行业、产品的最新技术动向以及客户需求，适时地进行产品的更新与升级，确保公司产品在市场上具有一定的先进性，在此基础上积累了丰富的行业经验，使产品的性能、质量得到进一步的提高。与国外的竞争对手相比，中芯国际更加了解国内市场，可以快速回应客户的需求，为客户提供非常全面的服务支持。

我国的集成电路市场在经历了数年的发展后，并逐步发展成为全球最大的 IC 市场，目前公司的生产能力尚不尽如人意，仍需不断提升产能，把握市场发展机会，为满足终端用户的需要而努力扩大市场占有率。

第四节 江西佳时特公司现状

为进一步强化研究高科技制造公司精益生产、生产技术改进、质量管理及生产绩效之间的关系，下面从精益生产、生产技术改进、质量管理及生产绩效 4 个方面来分析江西佳时特公司的现状。

一、精益生产现状

1. 生产计划方面

通过合理运用公司现有人力、物资、设备、岗位和信息资源，计划、组织和控制生产管理工作。以订单为依据按生产作业计划组织生产，营销中心负责生产计划编排，并结合次月生产计划项目进行平衡，根据来料、生产准备和生产情况为制造部门做出安排。如遇到零星编排，则由市场部与制造部进行组织。

2. 生产组织方面

提前准备生产所需，核对图纸、工艺文件、工装模具、物资储备、材料道具，熟悉技术标准、工艺流程，确保产品质量。运用科学管理方法和手段，生产过程确保连续性、平行性、比较性和均衡性。组织合理的生产力，争取以最少的劳动经费取得较大的劳动成果。

3. 生产控制方面

员工熟练掌握岗位工艺理论、操作技能和产品质量控制程序，其检验和检测精度应满足产品技术质量的指标要求。严格执行材料消耗定额制度，按计划发料和考核，及时清理不合格材料，做好所需材料补发/退库工作，以及首检、自检、班长检、检验检工作，发现问题及时解决。

4. 生产作业计划考核方面

检查生产作业计划、生产作业保障措施，布置当前生产工作，协调解决生产重大问题。如产生外部因素引致非本单位能解决的问题如材料断供等，需要修改计划，如因此未完成计划者根据绩效考核规定处理。

5. 批次管理方面

实行“六分批”，即分批投材、分批加工、分批转工、分批入库、分批保管、分批装配，达到“五清”，即批次清、数量清、质量清、责任清、动态清。为后续迅速、准确、及时地解决质量问题奠定基础，确保质量稳定性、可靠性和可追溯性。

二、生产技术改进现状

1. 关键过程管理方面

对于形成关键、重要特征的过程，加工难度大、质量不稳定、易造成重大经济损失的过程，被确定为关键、重大特性的外购件验收工序等，都编制关键件、重要件及关键、重要特性明细表，并由多部门联合进行过程控制，最终确保合格率达到98%以上，合格率波动正负不超过10%，以及后续工序未出现因本工序原因造成的不合格。

2. 产品风险评估方面

由技术部牵头，各项目负责人、技术经理、质量经理参与相关风险评估专业知识培训后开展。评估需要在产品开发项目确立、设计开发前进行，而作为设计/过程策划活动的一部分，潜在失效模式和后果分析应该与设计任务（如图样设计、过程设计）同时完成，从而为制定试验计划、控制计划实施提供依据。

3. 核心技术和关键技术管理方面

针对所承担的生产项目，结合新产品试制的工艺评审、产品质量评审等工作，认定所掌握的核心技术与关键技术，同时，掌握核心技术与关键技术的项目组有责任向其他开发同类型产品而没有掌握相关核心技术与关键技术的项目组进行技术指导。核心技术和关键技术应用到实际生产中，可按照技术的先进性、独有性和产生的经济效益大小，进行国家专利和科技成果申报。核心技术、关键技术原则上不允许进行转让，如有特殊情况则需经最高管理者批准。

4. 科研成果管理方面

各项目负责人根据研发项目的生产实际情况，有针对性地对关键技术、新技术、新设备等进行筛选，确定需要申报的科研项目。重点申报数控技术信息类招投标需要的和投标中加分的能够提高公司核心竞争力的科研项目，以及公司未来需要的新技术、专利和成果。凡以我公司为主完成、已办理成果登记、符合奖励条件且无争议的科研成果，经总经理批准后可参加公司内部成果评奖并通过公司推荐申报各级奖励。

三、质量管理现状

1. 质量管理小组活动管理方面

各部门紧密围绕公司的经营战略和方针目标，结合现场存在的问题，尤其是薄弱环节与漏洞，运用质量管理理论和方法，广泛组织开展 QC 小组活动，消除过程缺陷和无价值作业，以改进产品、服务、过程质量，提高人员素质和经济效益，使QC小组活动成为公司和员工的自觉行为。成立公司QC小组活动领导小组，由公司主管质量领导或管理者代表担任组长，质量部、财务部、行政人事部、技术部、研发中心、工会、团支部、科协等单位有关人员组成小组成员。领导小组负责制定并组织实施QC小组活动的各项重大决策，负责QC小组活动的指导、推进、成果评定和QC小组活动优秀推进单位、优秀推进者、优秀领导者评定工作。公司QC小组活动领导小组办公室设在质量部，具体负责公司QC小组活动的日常管理工作。

QC小组的主要类型有现场型、攻关型、管理型、服务型和创新型几种。

现场型QC小组以提高质量、降低消耗、完成某项指标为课题开展活动。现场型QC小组一般选择的活动课题较小，形式多样，难度不大，而且活动周期较短，较易出成果。

攻关型QC小组以解决关键技术问题为课题开展活动。攻关型QC小组课题的难度较大，获得的经济效益也大。

管理型QC小组以提高工作质量和效率、改变管理的落后面貌、提高管理水平为课题开展活动。

服务型QC小组以提高服务质量、提升经济和社会效益为课题开展活动。活动课题不大，见效较快，其社会效益往往比经济效益明显。

创新型QC小组则重点是运用新的思维方式、创新方法，开发出新产品（含项目服务）、新工具、新方法，以实现预期目标。

2. 质量追究与激励制度管理方面

对发生质量问题的部门、负责人和责任人实行质量问题责任终身追究制度，对质量损失实行赔偿制度。按照“下一工序就是上一个工序的客户”的原则，质量问题发生后应由质量部或本部门下一个作业工序、管理人员立即发现，对责任员工进行直接处罚。如发生生产质量问题，流通多个工序未能发现，质量部巡检未能发现，生产车间未能发现，后经其他部门或工序发现，所经过的车间或工位相关人员一律接受处罚，工序/部门负责人负监督不到位管理责任。执行奖惩对等原则，即针对发现的问题，一方面要奖励发现人，另一方面要查明原因，制定纠正预防措施，并对责任人进行处罚。

3. 质量例会管理方面

为强化质量意识、规范质量活动、加强质量管理、解决质量问题，防止质量问题在生产经营活动过程中发生、蔓延，质量部要定期组织各相关部门负责人、技术员、检验员等召开质量例会，使公司管理层及时准确地掌握产品质量情况，科学地做好产品质量管理，以保证产品质量目标的实现。

四、生产绩效现状

1. 人事管理方面

以人事管理为基础，以人力资源管理为手段，建立一支具有创新精神和整体观念的员工队伍，为公司的高速增长和持续经营奠定坚实的基础。为促进公司稳定发展，充分调动员工的工作积极性，充分发挥员工的能力，实现公司的战略目标提供人力资源支持。

2. 薪酬管理方面

充分发挥薪酬的作用，对员工为公司付出的劳动和做出的绩效给予合理的回报和激励，同时为体现不同岗位工作性质的差异，对公司的不同人群进行有针对性的薪酬设计，并进一步拓展员工职业上升通道，更好地吸引人才和留住人才。

3. 员工晋升管理方面

达到人尽其才、各尽其能的目的，达成优良的工作绩效，满足公司和员工个人发展需要，提高公司和员工个人的核心竞争力，进而提升经营绩效。晋升前每月的个人业绩、团队业绩达成率不得低于90%；月度绩效考核平均分数不得低于90分，方符合晋升要求。

第五节　中芯国际经营效果分析

中芯国际在产品市场、经营状况、先进制程能力等方面成为芯片产业佼佼者的同时，也要认识到与世界顶级芯片制造企业台积电在产品市场等方面具有显著的差距，目前台积电是亚洲市值最高的上市公司，也是全球市值最高的芯片半导体上市公司。下面分别从产品市场、经营状况、先进制程能力、人员结构、总成本领先战略、供应链体系和公司股权结构等方面分析中芯国际和台积电的差距。

1. 产品市场

在产品市场方面，中芯国际与台积电在营收地区和市场规模等方面都存在较大差距，如表5-5所示。从公司的下游客户结构来看，全球主要采用Fabless模式的苹果、英伟达、AMD、高通和联发科等科技巨头均是台积电的主要客户，公司下游客户非常稳定，这在很大程度上保证了公司先进制程的产能利用效率，以及保持更长的产能利用周期。

表 5-5　中芯国际和台积电 2022 年产品市场对比

中芯国际		台积电	
中国区	74.20%	美国	68.00%
美国区	20.80%	中国	11.00%
欧亚区	5.00%	欧洲、中东和非洲	5.00%
		日本	5.00%
		其他亚太地区	11.00%

数据来源：中芯国际和台积电 2022 年财务报表。

2. 经营状况

中芯国际在营业收入、资产利用效率、研发投入、毛利润率和净利润率等方面和台积电存在较大差距，如表 5-6 所示。

（1）营业收入方面。根据芯思想研究院 2022 年全球晶圆代工厂的营业收入数据，台积电的营业收入位居第一，占据市场份额的 50% 以上，其次是联电、格芯，中芯国际位居第四，但市场份额不到台积电的十分之一。

（2）资产利用效率方面。2022 年中芯国际总资产 430 亿美元，台积电总资产为 1627 亿美元，中芯国际总资产仅为台积电的 1/4 强，但是中芯国际的营业收入不及台积电的 1/10，可知中芯国际的资产利用效率和行业竞争力都远低于台积电。其原因可能是中芯国际生产技术和下游客户受到限制，投入的资本存在一定程度的浪费，使用效率较低。

（3）研发投入方面。2006 年台积电研发投入约为 5 亿美元，在 2022 年，台积电研发投入增加为 53.28 亿美元。2022 年中芯国际研发投入 7.29 亿美元，虽然高于行业均值，却远低于台积电。

（4）毛利润率和净利润率方面。台积电毛利润率长期在 50% 左右波动，而芯片行业平均毛利润率约为 25%，可见台积电毛利润率水平为行业平均水平的二倍，在 2022 年更是以 59.10% 的毛利润率水平创下历史新高。中芯国际的毛利润率为 38.30%，高于行业平均水平，但仍与台积电有较大差距。而在净利润率上，2022 年台积电的净利润率为 51.61%，中芯国际的净利润率则仅为 29.60%。

综上所述，中芯国际在资产总额、运营能力和盈利能力等方面与台积电都存在较大差距，为提升市场竞争力，中芯国际应加大研发投入，加强技术研发和技术创新。

表 5-6　中芯国际和台积电 2022 年经营状况对比

指标	中芯国际	台积电
营业收入	72.88 亿美元	738.85 亿美元
资产总额	430 亿美元	1627 亿美元
研发投入	7.29 亿美元	53.28 亿美元
毛利润率	38.30%	59.10%
净利润率	29.60%	51.61%

数据来源：中芯国际和台积电 2022 年财务报表。

3. 先进制程能力

与国内其他芯片代工企业相比，中芯国际技术较为先进，不仅可以为客户提供 28 纳米及以上的成熟制程，而且可以为客户提供 14 纳米芯片。与台积电相比，由于中芯国际技术和产能的优先布局，在成熟制程上占据了国内大部分市场，但是在先进制程上并不具有优势。目前台积电占据全球晶圆代工领域营收的 50% 以上，成为垄断性的存在，且台积电持续加大对于先进制程的投资，并采取较为激进的折旧策略，在设备折旧的 5 年期内，依赖新产品、新技术取得较高收入和利润，待设备折旧期结束后大幅降价，阻挡后进者。中芯国际虽然在 14 纳米芯片制造上实现了技术升级，但它与晶圆制造第一梯队的台积电、三星相比，在先进技术的授权、关键设备与材料供应、人才流动、研发技术和研发投入等方面都存在不小的差距。台积电得益于公司高昂的资本支出以及研发费用投入，在工艺制程的技术上不断突破。2003 年，公司成功研发 130 纳米工艺，成功超越联电；2018 年，成功研发 7 纳米工艺，超越英特尔；2022 年台积电已经开始对 3 纳米工艺开展量产测试。从台积电的制程工艺迭代速度来看，从 1987 年的 3 微米制程到 2022 年量产的 3 纳米，台积电平均两年开发一代新制程，不断提升半导体计算能力，从而扩展摩尔定律的持续挑战。台积电的营业收入主要来自先进制程产品，其中 16 纳米芯片占产品总量的 13%，7 纳米芯片占产品总量的 27%，5 纳米芯片占产品总量的 26%，而中芯国际的营业收入主要来自成熟制程产品。在技术实力方面，台积电领先中芯国际至少两代以上，中芯国际短期内难以实现技术先进性方面的追赶。中芯国际需要不断地提升产能利用率、增强研发能力、增加研发投入和资金流动性，以此提升自己的市场竞争力。中芯国际回归 A 股科创板后，融到了更多的资金，估值也更大，在研发方面的投入势必会加大。但是技术工艺研发是一个漫长且复杂的过程，中芯国际应准确定位客户需求，精准预测研发方向，构建先进的技术平台，提升公司的市场竞争力和生产绩效。

4. 人员结构

与其他行业相比，晶圆代工行业技术含量较高，因此影响中芯国际未来发展的关键因素为工艺制程迭代、技术创新等，而人才是工艺制程迭代、技术创新的主要影响因素。中芯国际的人员结构不够稳定，核心管理层、技术人员频频流失，根据中国基金报数据，2019 年中芯国际员工流失率 17.5%，高于行业平均水平。对于高技术门槛的芯片产业，人才是决定公司长期发展的成败关键，尚不稳定的人员结构和管理团队，始终是悬在中芯国际发展路上的“达摩克利斯之剑”。为了稳定人员结构，留住技术人才和核心管理层，中芯国际可以在薪酬体系和激励体制等方面进行改革。在人员的薪酬体系方面，可以加大绩效管理对技术创新的支撑，当员工在技术升级、技术改进等方面做出贡献时，设置创新奖予以奖励；在技术创新奖励方面，当员工在技术创新方面做出突出贡献时，对于创新奖的评审程序应尽量简化、公平，应为获得奖项的员工提供物质和精神等奖励举措。这样既能增强员工对于知识产权的认知程度，也培育了技术创新的良好氛围。

5. 总成本领先战略

总成本领先战略就是公司通过不同方式使得生产成本不仅要低于主要竞争对手，还要低于行业平均水平，利用价格优势赢得市场竞争。沃尔玛是运用总成本领先战略最成功的企业之一，它为了最大限度地降低成本、增加市场规模，采用了精简化和标准化的生产流程。与沃尔玛相比，中芯国际由于客户、供应商和技术等方面的限制，尚无法实施总成本战略。与其他技术含量低的行业相比，客户更注重产品质量而不是产品价格，因此晶圆代工的良品率一定要高；中芯国际所需的大部分原材料和生产设备都需要进口，且这些原材料和生产设备技术含量较高，只有少数供应商可以提供，中芯国际缺少和这些供应商议价的资本。中芯国际在生产技术上与台积电存在的差距较大，因此台积电在成熟制程产品上采用成本领先战略打压中芯国际，降低了中芯国际的盈利能力，导致中芯国际的研发投入进一步降低，形成恶性循环，进一步拉大与台积电的差距。

6. 供应链体系

与其他行业相比，晶圆代工行业具有工艺复杂、科技含量高、设备要求严格、原材料质量较高等特点。与发达国家相比，我国芯片产业起步晚、发展慢，同时与芯片相关的产业不成熟，导致中芯国际所需原材料大部分仍需从美国、日本和欧洲等国家和地区进口。如果西方发达国家由于某种原因限制相应原材料出口我国，将严重影响中芯国际的平稳运行，而台积电却并不需要为此担心。因此，为确保将来原材料供应的稳定，中芯国际应提前制定替代方案，优化供应链体系，确保供应链安全。可以采取如下 4 条具体措施。

（1）为确保在较长时间内原材料供应稳定，应与主要供应商签订长期协议，并与这些供应商形成良好的合作伙伴关系。

（2）为避免潜在不利影响，要持续考核供应商资质，并建立准入标准。

（3）为避免单一供应商带来的风险，应构建多元化进货渠道，完善多种方式的供应通道。

（4）应积极拓宽供应链渠道，积极培养国内供应链。

7. 公司股权结构

与台积电相比，中芯国际股权并不集中，较为分散，其最大股东大唐电信持股比例也仅为 17%。因此，中芯国际并无实际控股股东，也没有实际控制人。外国资本虽然占据了台积电 80% 以上的股份，但均属于金融产业投资股份，因此外国资本只有分红收益权，没有经营权，也就是同股不同权，台积电的实际控制人没有旁落。因此，为了避免被外国资本收购，导致公司控制权改变，影响公司的平稳运行，中芯国际应集中股权。

在全球范围来看芯片行业的竞争，可以发现晶圆代工市场的竞争日益激烈，中芯国际在技术、市场占有率和盈利能力方面都与台积电有不小的差距。随着云计算、数字技术和人工智能等的发展越来越快，芯片的应用领域越来越大，广阔的市场前景及较为有利的产业政策吸引了众多国内外芯片相关公司布局芯片晶圆代工行业，可能将导致市场竞争进一步加剧。未来，中芯国际应积极开发满足客户需求的工艺平台，及时引进或者开发最先进的制造工艺技术，以避免在激烈的国际竞争中处于劣势，对公司的生产绩效产生不利影响。

第六节　江西佳时特公司经营效果分析

江西佳时特公司自主研发的 S 系列高速高精密立式加工中心于 2019 年被列入《江西省首台（套）重大技术装备推广应用目录》，以及第一批《南昌市自主创新产品推荐目录》。同时，公司还承担了江西省工业和信息化厅关键共性技术及江西省科学技术厅重点研发项目，不断为提升自身产品质量做出努力。2019 年，获得第八届中国创新创业大赛（江西赛区）第一名；2020 年，获得“创客中国”中小企业创新创业大赛全国一等奖、江西省第一名；2020 年，获得第九届金博奖全球高层次人才科技创新大赛金奖，并列入 2020 年度中国机床工具工业协会“自主创新十佳名单”；在第 22 届立嘉国际智能装备展览会“CWMTE2021 新产品 - 雄鹰奖”评选中荣获“赤鹰奖”，并于 2021 年荣获江西省科学技术进步奖一等奖，以及第三届中国通用航空创新创业大赛全国总决赛三等奖，佳时特直线电机数控机床入选首届“赣出精品”名单；2022 年，被评为 2021 江西年度领军企业、江西省数字经济重点企业；2023 年，被列入《2022 年度南昌市名优创新产品推荐目录》，被认定为“江西省专业化小巨人”企业。

【本章小结】

本章以典型的高科技制造企业中芯国际和江西佳时特公司为例，对精益生产、生产技术改进、质量管理及生产绩效四者之间的关系进行验证。首先，对案例企业进行了简要介绍；其次，从精益生产、生产技术改进、质量管理及生产绩效 4 个变量的维度描述了案例企业的现状；最后，对中芯国际与台积电进行了对比分析，并对江西佳时特公司的经营效果进行了阐述。

第六章　结论与建议

在前面章节全面系统研究的基础上，本章主要回顾了本书的研究结论，进行归纳总结，并基于相关结论，形成可在高科技制造企业生产和管理实践中应用的建议方案。

第一节　研究结论

本书以高科技背景下的我国制造公司为研究对象，将国内外相关文献和相关理论进行归纳总结，在此基础上，将精益生产分为公司文化、员工参与和生产环境三个维度，生产技术改进分为生产设计技术改进、生产现场技术改进、生产线技术改进和生产浪费识别技术改进 4 个维度，质量管理分为基础维度和核心维度，其中基础维度包括顶层设计、客户导向、员工管理和供应商管理，核心维度包括过程管理、信息技术和产品设计，公司生产绩效分为财务绩效、竞争绩效和客户满意。本书将质量管理作为中介变量，构建了“精益生产、生产技术改进—质量管理—

生产绩效”的理论模型，以 411 份有效调查问卷获取的数据为研究样本，运用探索性因子分析、典型相关分析和多元回归分析实证剖析了精益生产、生产技术改进、质量管理对公司生产绩效的影响作用，以及质量管理分别在精益生产、生产技术改进与公司生产绩效之间的中介作用，为制造公司实行精益生产和生产技术改进的路径设计提供了理论和实践依据。基于上述实证分析结果，本书研究结论如下。

1. 精益生产对制造公司生产绩效具有显著正向影响作用

本书通过典型相关分析证实了精益生产与公司生产绩效之间存在正相关关系，说明制造公司在提升公司生产绩效的过程中采用精益生产模式是有效的，同时通过多元回归分析证实了精益生产的 3 个维度公司文化、员工参与和生产环境对公司生产绩效存在显著的正向影响，这一结果与 Chavez 等（2013）、Duarte 和 Machado（2017）的研究结论相同，他们发现，制造公司实施精益生产方式将显著提升公司生产绩效。

精益生产被国内外专家学者认为是制造公司应对生产环境复杂性、实现提质增效的有效路径，其先进性和科学性已在美国、日本和欧洲等发达国家和地区得到了验证。精益生产可以从提高产品质量、缩短生产周期和降低生产成本等方面提高制造公司生产绩效。实行精益生产的制造公司会降低残次品出现的概率，减少客户退货率，由此减少因产品质量不合格造成的返工或延误，从而降低生产成本，如果出现质量低下的产品，为避免以后的生产过程再次出现此类事情，员工会积极主动地找出原因，并积极修正；企业生产成本过高的原因很多，其中浪费是精益生产模式最无法容忍的，精益生产模式可以降低甚至消除制造公司中常见的库存过多、出现残次品等浪费现象，从而降低成本；及时交货体现了制造公司较高的生产效率和生产能力，度量了精益生产模式实施效果，降低了企业和下游客户的成本，企业在客户心

中的形象有了明显的提升，企业和客户的关系也得到了增强。精益生产可以降低公司内部和外部损失，增强企业员工生产效率，降低原材料能耗，从而减少生产投入；实施看板拉动等方法提升了库存周转率，降低了产品交付时间，使及时交货率得到提升，在财务上释放现金流；降低了在固定资产上的投入，增加资源利用率，降低企业的负债率，进而降低资本杠杆风险。精益生产不仅可以带来制造公司生产绩效上的提升，其成功最终也会在财务、竞争力和客户满意度等方面有所呈现，而这些作用部分是直接作用，部分是通过质量管理的间接作用。

2. 生产技术改进对制造公司生产绩效具有显著正向影响作用

本书通过典型相关分析证实了生产技术改进与公司生产绩效之间存在正相关关系，说明高科技制造公司在提升公司生产绩效的过程中改进生产技术是有效的，同时通过多元回归分析证实了生产技术改进的 4 个维度生产设计技术改进、生产现场技术改进、生产线技术改进和生产浪费识别技术改进对公司生产绩效存在显著的正向影响作用。

为提升公司生产绩效，高科技制造公司应提高研发强度，增加科技人员比例，同时要提倡不怕失败、敢于创新的精神，在企业内部构建轻松的创新文化气氛；进行生产技术改进知识培训，鼓舞员工活到老学到老，并积极分享信息和知识；努力构建完善的激励创新机制，鼓舞员工不仅在已有领域实行突破，在未知领域也要敢于创新。企业高层领导也要意识到生产技术改进是具有一定风险性的活动，因此在做好生产技术改进风险评估的同时，也要允许生产技术改进的失败；要在公司内部建立起自由、友好的交流氛围，既要构建生产技术改进文化氛围，还要创造适合生产技术改进人员发挥作用的条件；要保障业务部门内部、不同业务部门之间、企业内部和企业外部之间可以无障碍地交流和分享，确保高效共享信息和知识。企业员工如果在生产技术改进过程中做出突出贡献，企业应从物质和精神两个层面予以奖励，这样做既可以向外界传达企业非常重视生产技术改进，还可以提升企业研发人员的创新意愿。

3. 质量管理对制造公司生产绩效具有显著正向影响作用

本书通过典型相关分析证实了质量管理与公司生产绩效之间存在正相关关系，说明制造公司在提升公司生产绩效的过程中开展质量管理是有效的，同时通过多元回归分析证实了质量管理的基础维度和核心维度对公司生产绩效存在显著的正向影响，该研究结论与 Nurcahyo 和 Habiburrahman（2021）的研究结果相符合。

为提高公司生产绩效，制造公司应加强公司高层管理人员的培训，通过公司间的交流合作，分析和学习其他制造公司在质量管理方面的经验，结合公司自身情况选择性地吸收应用，同时要注重构建公司良好的创新文化和创新氛围，民主和鼓励创新的氛围可以充分发挥公司员工参与决策和管理的积极性，使公司不断优化管理流程和管理方式，进而提高管理效率。此外，制造公司还应注意管理与技术的协同发展。高科技制造公司是多种资源和能力的集合体，它的各项活动并不是完全独立的。在高科技背景下，技术、管理、客户、供货商等公司内外部生产环境快速变化，制造公司应明确自身所拥有的公司文化、知识、资源和能力，并且对接目标客户的需求以确定公司定位，要充分利用公司内部和外部的关键资源，协同发展，充分发挥相互之间的协同效应，同时要成立专门的生产技术改进小组，由专门的公司管理人员负责，小组成员应包括公司的技术骨干、基层员工，还要与科研机构、高等院校保持密切联系，并邀请相关的专家学者作为生产技术改进小组的顾问。制造公司应投入巨额生产技术改进资金来配合和支持生产技术改造小组的工作，激发小组成员工作的积极性，保证生产技术改进小组的平稳运行。

4. 质量管理在精益生产和公司生产绩效之间起中介作用

本书通过典型相关分析证实了精益生产与质量管理、质量管理与公司生产绩效之间存在正相关关系，同时通过多元回归分析证实了精益生产的 3 个维度公司文化、员工参与和生产环境对质量管理存在显著的正向影响，质量管理的基础维度和核心维度对公司生产绩效存在显著的正向影响，并通过三步中介效应检验法证实了质量管理在精益生产和生产绩效之间起部分中介作用。具体而言，制造公司实施精益生产模式不仅对生产绩效起直接的影响作用，还可以提升质量管理，从而间接地提升生产绩效。这与 Zakuan 等（2009）的研究具有相似之处，都证实了质量管理具有中介作用。

5. 质量管理在生产技术改进和制造公司生产绩效之间起中介作用

本书通过典型相关分析证实了生产技术改进与质量管理、质量管理与公司生产绩效之间存在正相关关系，同时通过多元回归分析证实了生产技术改进 4 个维度生产设计技术改进、生产现场技术改进、生产线技术改进和生产浪费识别技术改进对质量管理存在显著的正向影响，质量管理的基础维度和核心维度对公司生产绩效存在显著的正向影响。

技术与市场并不是割裂的，公司生产技术改进的驱动力来源于市场，技术成果和新产品的最终流向也是市场，高科技产品更新换代速度快，产品的生命周期短，性能和价格趋同的趋势加快，制造公司之间的竞争最终必然会从技术和产品转向质量管理，因此高科技制造公司要想获得持续的利润流入，在通过生产技术改进提升产品质量的同时，应重视质量管理，利用生产技术改进持续提高质量管理，并以此来提升公司竞争能力和生产绩效。通过生产技术改进优化产品结构、提升产品质量、丰富产品内涵，以提高管理质量，是高科技制造公司提升核心竞争力获得可持续发展的重要途径。

6. 提升制造公司生产绩效的有效路径

本书构建了精益生产、生产技术改进与公司生产绩效的分析框架模型，基于高科技背景建立了精益生产、生产技术改进（自变量）—质量管理（中介变量）—生产绩效（因变量）之间的关系模型与作用路径，该模型对质量管理的前因变量和公司生产绩效同时开展研究，并从理论和实证角度进行分析论证，丰富了有关精益生产和生产技术改进的研究内容，并为后续研究提供了新的视野。本书将自变量分为精益生产和生产技术改进进行量化实证分析，对精益生产、生产技术改进与公司生产绩效的关系，精益生产、生产技术改进与质量管理的关系，质量管理与公司生产绩效的关系进行了相关验证，同时验证了质量管理在精益生产、生产技术改进与公司生产绩效之间的中介作用，拓展了精益生产、生产技术改进和质量管理的适用范畴。以上述研究结论为基础，高科技制造公司通过精益生产和生产技术改进促进公司生产绩效的有效路径可总结如下。

路径一：精益生产直接提升公司生产绩效。

路径二：生产技术改进直接提升公司生产绩效。

路径三：精益生产驱动质量管理，再通过质量管理间接提升公司生产绩效。

路径四：生产技术改进驱动质量管理，再通过质量管理间接提升公司生产绩效。

第二节　研究建议

本书以我国高科技制造公司为研究对象，研究了精益生产、生产技术改进、质量管理和生产绩效的关系，不仅丰富了本领域的研究内容，也为制造公司运营发展提供了可供参考的建议。根据理论研究和实证研究得出的相关结论，本书从政府和公司两个视角来探究制造公司生产绩效提升路径，基于此，本节根据设计的方案给出具体的实施策略，并针对后续研究方向给出了相应的对策建议。

一、对政府的建议

政府应把握高科技的特点，充分发挥政府的组织、引导和扶持作用，构建起政府和制造公司双赢的良好局面。

1. 基于政府的组织作用

制造公司实行精益生产、生产技术改进和质量管理需要政府的组织和领导，像欧美等发达国家制造公司推行精益生产、生产技术改进和质量管理均有政府的参与。我国政府相关部门也应重视精益生产、生产技术改进和质量管理，积极引导、逐步推进，使之与我国的供给侧结构性改革相辅相成，共同促进我国经济稳定、健康、高质量地发展。

2. 基于政府的引导作用

政府应加大对高科技背景下的制造公司实行精益生产、生产技术改进和质量管理的鼓励和引导，出台引导性的产业政策和金融政策，鼓励和引导制造公司开展精益生产、生产技术改进和质量管理。在制定引导制造公司发展政策时，要确立“以发展为中心、百花齐放”的原则，采用市场化监管手段，尽量避免行政化监管手段，通过营造市场的公平竞争环境鼓励和引导制造公司实行精益生产、生产技术改进和质量管理。

3. 基于政府的扶持作用

政府可以通过优惠税率政策和减半征收所得税等方式，对实行精益生产、生产技术改进和质量管理的制造公司进行扶持，将实行精益生产、生产技术改进和质量管理的制造公司树立为制造业模范，并将取得良好经济效益和社会效益的制造公司进行定期公示，提升制造公司实行精益生产、生产技术改进和质量管理的意识和热情，使制造公司通过实施精益生产和生产技术改进提高质量管理，从而提升生产绩效。

二、对公司的建议

在高科技时代，制造公司生产的产品更新速度快，产品生命周期短，在性能和价格趋同的情况下，制造公司之间的竞争将由价格和产品转向技术、组织和管理，制造公司要实行精益生产和生产技术改进，通过质量管理将精益生产和生产技术改进转化为公司生产绩效。虽然精益生产和生产技术改进已经成为高科技制造公司重点关注的话题，也已产生很多成功的实例，但是部分公司对在什么样的情况下应开展精益生产、生产技术改进和质量管理，应通过哪些驱动因子实施精益生产、生产技术改进和质量管理，以及在精益生产、生产技术改进和质量管理的实施过程中应给予何种支持并没有形成清晰一致的认识。本书分别从精益生产、生产技术改进、质量管理3个角度对高科技制造公司提出相应的对策建议。

1. 对制造公司实行精益生产的对策建议

制造公司实行精益生产要根据自身的实际情况，采取相应的生产模式，不同的情况运用的精益生产方式也存在差异，没有固定的范式和标准。精益生产模式不可复制，由于我国制造公司与国外制造公司面对的生产环境、区域特点、文化和政治背景等诸多情况不尽相同，因此国外制造公司成功的生产模式、技术选择和管理方式，可以给我国高科技制造公司提供参考，但不能完全复制。因此，我国高科技制造公司在实行精益生产时，应选择适合自己实际情况的模式，灵活运用，量体裁衣，构建适合我国高科技制造公司的精益生产模式，并不断改进和完善，将理论和实际相结合，在符合我国国情的基础上运用精益生产模式。这对于我国高科技制造公司来说可谓任重道远，需要学术界和业界持续研究、持续创新，在精益生产理论的指导下，提升制造公司的生产技术水平和管理水平。随着信息技术、数字技术等的持续发展，我国制造公司会越来越重视精益生产，一定可以找到适合自身情况的精益生产模式。精益生产模式注重参与的全员性、全面性，制造公司实行精益生产不是单依靠个人就能解决的问题，为促进制造公司实施精益生产模式，公司管理层和基层员工应做到以下6点。

（1）公司管理层应注重培育公司的精益生产文化，关注精益生产模式，并全程参与，从战略层面制定精益生产实施准则。

（2）精益生产理念要求制造公司运行的方方面面重视成本管理工作，最大限度地降低整个价值链的成本，公司应从上到下构建精益成本管理意识，鼓励一线员工积极主动发现生产过程中存在的浪费现象，并予以解决，最终促使形成“人人追求改善、事事追求提高”的公司文化。

（3）公司管理层要制定精益生产目标，鼓励公司员工积极主动参与精益生产活动，并为员工提供相应的资源。

（4）公司管理层要在公司内部营造质量优先的生产氛围，当产品出现质量问题时，也要勇于承担责任。

（5）公司员工在参与精益生产和生产技术改进活动时，一定要保持积极主动的心态，为提升自身能力和知识水平，应持续参加培训和学习。

（6）公司管理层应重视对员工荣誉感、责任感以及主人翁意识的培育，构建符合我国国情的员工参与模式。

2. 对制造公司实行生产技术改进的对策建议

制造公司管理层要重视生产技术改进，鼓励全体员工共同参与，尤其是一线员工，他们是企业生产技术改进活动的直接参与者，其参与程度对生产技术改进活动的影响也最为直接、有效。具体来说，可以按照以下 4 个步骤来实施生产技术改进。

（1）引进正规的生产技术改进专家，根据公司自身情况，量身定制适合本公司的生产技术改进实施方案，同时招聘熟悉前沿生产技术的人才，在公司内部建立生产技术改进部门，推进生产技术改进的实施并将该方法传授给基层员工。

（2）加强公司员工生产技术改进意识的建设，强调公司员工参与对生产技术改进的重要性，树立员工的主人翁意识，提升员工的专业素养，加强对员工的培训和管理，形成关注持续改善、持续创新的公司文化，从而创造符合公司自身特点的生产技术改进方式和文化。

（3）鼓励公司员工积极参与生产技术改进活动，对生产设计、生产设备、生产过程、生产流程等方面提出建设性意见，如果确实对创新或改进有促进作用，则应予以奖励，提高公司员工的参与积极性和改进创新热情，从而更有利于公司普及和推行生产技术改进。

（4）公司员工对改进后的生产技术和生产工具可能会有抵触思想，因此，在应用改进的生产技术或生产工具时，公司管理层应将员工自身发展和生产技术改进相结合，最大限度地为员工创造培训和学习的条件，着力加强对员工的相关培训，促进员工自主参与，不断提升员工操作技能。

3. 对制造公司实行质量管理的对策建议

高科技制造公司实行质量管理，在提升质量管理自身建设水平的同时，还要做到企业管理人员重视，一线员工全员参与，企业全体人员统一思想、提高认识，确保严格按照质量管理标准进行。

（1）领导重视。制造公司实行质量管理不是单纯依靠某个人的，精益生产模式注重参与管理工作的全员性和成本管理范围的全面性。制造公司应培育质量文化，需要管理层提高关注度并全程参与，从战略层制定质量管理措施。

（2）全员参与。在制造公司的各项质量管理活动中，公司管理层应增强一线员工的质量管理意识；在公司内部构建支持质量管理的文化；与质量管理相关的资金投入应持续增加，并确保监管资金的用处；构建良好的工作环境，以有利于公司实行质量管理；追求高水平的质量管理目标。

（3）质量管理子维度之间的相互配合。只有质量管理的各个子维度之间协同发展、相互配合，才能有效促进制造公司整体的质量管理水平。对我国高科技制造公司而言，要高度重视公司管理层、供应商和公司员工的作用；对于公司管理层而言，要特别重视和支持质量管理工作；对于供应商而言，要在产品设计中积极发挥其作用；对于公司员工而言，要鼓励其在产品设计中发挥自己的主观能动性。在制造公司质量管理过程中，部分员工可能会存在抵触甚至反抗情绪，公司应予以重视。

（4）质量管理与精益生产之间的配合。制造公司应将精益生产纳入质量管理的监管范围内，改善成果，规范生产流程和管理流程，理顺精益生产、质量管理和生产绩效之间的关系，注重精益生产对生产绩效的直接作用，以及质量管理对生产绩效的中介作用，从直接和间接两个角度切实提高制造公司的生产绩效，为制造公司的持续发展和平稳运行起到积极的推进作用。

（5）质量管理与生产技术改进之间的配合。制造公司对质量管理和生产技术改进之间的相关匹配应高度重视，深化生产技术改进，当生产技术改进水平提升时，会相应地提升公司质量管理水平。同时，当制造公司质量管理发展到更高、更好的阶段后，为最大限度地发挥生产技术改进的实践成果，要进一步重视质量管理和生产技术改进的相互融合。应通过各种方式扩大先进生产技术在公司中的应用，例如构建科学合理的奖罚制度、抓住各种技术培训机会、加强思政工作，使员工的思想意识和知识技能得到长足的进步，最终提高制造公司的质量管理水平。在质量管理改进过程中，要注意各项活动之间的协作与配合。

【本章小结】

本章主要对相关的研究结论进行总结，具体包括：精益生产对制造公司生产绩效具有显著正向影响作用；生产技术改进对制造公司生产绩效具有显示正向影响作用；质量管理对制造公司生产绩效具有显著正向影响作用；质量管理在精益生产和公司生产绩效之间起部分中介作用；

质量管理在生产技术改进和公司生产绩效之间起部分中介作用；提升制造公司生产绩效的有效路径。在研究结论的基础上，一是从政府角度，对政府的组织、引导和扶持作用方面提出相应的对策建议，二是从公司角度，对精益生产模式、生产技术改进和质量管理方面提出相应的对策建议。

第七章　不足与展望

本章在前面章节研究的基础上，阐述本书在调查研究、理论分析和变量选取等方面的不足之处，并基于此对未来的研究进行了展望，在一定程度上为后续进行更加全面的研究指明方向。

第一节　研究不足

在高科技时代，如何通过精益生产和生产技术改进提升公司生产绩效，是制造公司管理者必须考虑的关键问题。本书对精益生产、生产技术改进、质量管理与公司生产绩效之间的关系进行了理论与实证研究，为制造公司通过精益生产和生产技术改进提升公司生产绩效提供了研究支持。但是，本书的研究成果毕竟有限，无法覆盖相关理论和实践，在未来还需要进行更加深入、系统的研究。

本书在以下 3 个方面存在一定的局限性。

（1）本书收集的有效问卷主要来自广东、北京、浙江、江苏等地区的制造公司，没有覆盖中国的34个省级行政区域，导致样本不可避免地具有地域性特征，研究结论有待于更大范围的样本加以检验。

（2）不同的制造公司可以获得的资源和面对的挑战是不一样的，本书未根据制造公司的规模和发展状况，将其分为大公司与小公司、上市公司和未上市公司、成熟公司和初创公司等维度，研究对象细分程度存在不足。

（3）本书在研究变量选取上有一定的局限性。在公司生产绩效影响因素的研究中，本书采用精益生产、生产技术改进两个因素作为自变量，事实上还可能存在其他的驱动因素，这会影响模型的拟合度和研究结论的准确性，此外，精益生产和生产技术改进还会受到国家政治经济政策、国际环境等很多因素的影响，在后续研究中可以考虑加入这些因素，使本书的层次更加深入、研究的范围更加全面。

第二节　未来展望

高科技制造公司如何通过精益生产和生产技术改进提升公司生产绩效，是公司管理层必须认真考虑的关键问题。本书为探究高科技对制造公司生存及成长的独特作用，构建了高科技背景下精益生产、生产技术改进、质量管理和生产绩效的关系模型，探讨了质量管理分别在精益生产、生产技术改进与制造公司生产绩效间的中介作用，旨在揭示高科技背景下制造公司生产绩效提升的内在机理。本书对精益生产和生产技术改进与生产绩效关系的理论与实证研究，为高科技制造公司通过精益生产和生产技术改进提升公司生产绩效提供了研究支持。本书具有一定的现实意义和理论意义。但仍存在一些不足，在以下 4 个方面还有待深入研究和探讨。

（1）对研究样本的选择建议。由于时间和精力的限制，本书研究样本主要来自广东、江苏、浙江、上海和北京等地区，并不能覆盖我国高科技制造公司的地区范围，调查范围和调查对象具有一定的局限性，研究结论欠缺一定的普适性和推广性。后续研究应采用更为广泛的样本，增加样本数量，并将调查对象拓展至整个制造业甚至是其他行业，以使研究结果更具普适性，也可以按地区开展针对性的研究，或考虑对发达地区与待发展地区的制造公司开展比对性研究。从公司规模和成熟度的角度来看，不同公司拥有的资源、能力和所面对的挑战是不一样的，因此，也可以从大公司与小公司的维度，成熟公司和初创公司的维度开展研究。

（2）对变量的选择建议。与生产绩效相关的影响因子很多，但限于研究变量的多维性和数据的可得性，本书从最基础的精益生产和生产技术改进两个自变量进行深入分析和研究。同时，本书仅验证了精益生产、生产技术改进与公司生产绩效间的关系，但对精益生产与生产技术改进的协同效应未做深入细致的研究，后续研究可对精益生产与生产技术改进的协同或匹配效应进行深入的探讨。

（3）对研究视角的建议。当制造公司位于不同的区域，处于不同的领域、不同的成长规模，则企业面临的内外部挑战、机遇和环境会存在巨大差异，因此，本书的后续研究应基于不同区域、不同领域和不同规模进行深入研究，例如考虑按行业采用不同的影响因子开展研究，以全面解析影响因子与公司生产绩效的作用机理和交互关系。

（4）对研究数据的建议。本书是运用调查问卷法获取主观数据的，获取的调查数据属于截面数据，但是制造公司的精益生产、生产技术改进、质量管理及公司生产绩效处于一个动态过程，精益生产、生产技术改进和质量管理应用在高科技制造公司实际运营过程中具有一定的时间滞后性，精益生产、生产技术改进和质量管理一般不会立即起作用，而需要一段时间的吸收后才会产生效果。截面数据不一定能够客观真实地反映出高科技制造公司实行精益生产和生产技术改进的真实作用，希望今后能够对这一课题进行纵向的深入研究，例如考虑以一个固定的时间周期，如3～5年，在研究中采用面板数据，研究长期的、动态的关系模型，得出更精确的结论。

【本章小结】

本章主要针对本书研究的不足之处以及未来展望进行说明。其中，从问卷调查区域范围、公司类型以及变量选取等方面阐释了研究的不足之处，并从研究样本的选择、变量的选择、研究视角、研究方法和研究数据等方面进行了研究展望。

参考文献

[1] 安丹，潘玉香 . 精益生产对企业绩效的影响研究 [J]. 财经问题研究 ,2015（S1）：37-40.

[2] 蔡丽艳，郝玉清，安瑞阳，等 . 精益六西格玛在半导体材料生产线中的应用 [J]. 价值工程，2018，37（31）：271-274.

[3] 曹文 . 基于精益生产的 MD 公司生产管理改善研究 [D]. 合肥：安徽大学，2020.

[4] 车帅 ."节能低碳" 政策能否实现企业绩效双赢 [J]. 财经科学，2022（9）：91-106.

[5] 陈漫，刘思，徐依 . 消费者参与对制造业企业双元服务创新的影响——组织学习的中介作用 [J]. 现代管理科学，2022（1）：69-78.

[6] 陈太洲 . 基于精益生产的 A 公司仪器制造车间现场管理改善研究 [D]. 长春：吉林大学，2022.

[7] 陈伟，潘莉颖，林超然 . 基于典型相关分析法的知识密集型制造业竞争力研究 [J]. 学习与探索，2021（3）：113-119.

[8] 陈文贵 .ZW 汽车制造公司精益生产研究 [D]. 北京：对外经济贸易大学，2021.

［9］陈文静．精益理念下的 PC 筑件成本控制研究 [J]. 中国住宅设施，2019（10）：95–96.

［10］陈雅文．国际化程度对企业绩效影响研究 [D]. 柳州：广西科技大学，2019.

［11］陈勇刚，王军，邹春喜，等．精益生产方式在飞机部件装配中的应用 [J]. 现代企业，2018（7）：36–37.

［12］大野耐一．丰田生产方式 [M]. 北京：中国铁道出版社，2006.

［13］董铠军，吴金希．创新理论发展的四阶段论：回顾与解读 [J]. 自然辩证法研究，2018（2）：60–65.

［14］房贵如，刘维汉．先进制造技术的总体发展过程和趋势 [J]. 中国机械工程，1995（3）：7–10.

［15］冯志军．中国制造业技术创新系统的演化及评价研究 [D]. 哈尔滨：哈尔滨工程大学，2012.

［16］奉小斌，陈丽琼．质量管理实践、组织学习与企业绩效关系研究——基于浙江制造企业的实证分析 [J]. 管理评论，2016，28（1）：31–41.

［17］奉小斌．质量管理实践与企业创新真的相悖吗？——以组织学习为中介变量的实证研究 [J]. 研究与发展管理，2015，27（5）：88–98.

［18］付迪，贺阿红．煤炭企业精益生产成本管控优化研究 [J]. 煤炭技术，2021，40（3）：170–173.

［19］付国梅，唐加福．美国再工业化祸兮福兮：双向 FDI 能否促进中国经济高质量发展？——基于产业结构和技术创新的中介作用 [J]. 系统管理学报，2022，31（6）：1137–1149.

［20］付宜磊．阿斯利康公司推进精益生产中质量管理的研究 [D]. 上海：上海交通大学，2008.

［21］巩莉，张妍，杨柠溪，等．企业员工正念对工作绩效的影响：情绪智力与应对方式的链式中介作用 [J]. 中国健康心理学杂志，2022，30（8）：1217–1223.

［22］郭红梅．企业质量管理与成本控制融合探析——以中国神华为例 [J]. 财会通讯，2021（6）：113–116.

［23］郭九成，朱孔来．论自主创新能力的概念、内涵及构成要素 [J]. 生产力研究，2008（21）：16–17+38.

［24］郭玉明．精益生产在 TW 公司的应用研究 [D]. 扬州：扬州大学，2016.

［25］韩凤彩，韩兆洲，林海明．初始因子分析综合评价方法及其应用 [J]. 统计与决策，2022，38（14）：10–14.

［26］韩磊．企业质量管理实践与新产品开发绩效关系研究 [D]. 镇江：江苏大学，2020.

［27］韩兆安，吴海珍，赵景峰．数字经济驱动创新发展——知识流动的中介作用 [J]. 科学学研究，2022，40（11）：2055–2064+2101.

［28］韩震．基于精益生产的制造企业管理创新模式探讨 [J]. 时代汽车，2021（6）：17–18.

［29］郝瑞瑞．精益库存管理对制造业企业绩效的影响 [D]. 太原：山西财经大学，2021.

［30］郝潇．上市公司内部控制对财务绩效的影响研究——基于医药制造业的实证分析 [D]. 太原：山西财经大学，2015.

［31］何盼盼．精益生产下制造企业一线员工工作倦怠研究 [D]. 西安：西安建筑科技大学，2020.

［32］侯向英．精益生产理论在 L 制造公司的应用研究 [D]. 太原：中北大学，2022.

[33] 黄斌，周婉婷．精益生产技术在汽车制造业的应用 [J]. 工业工程与管理，2004（5）：126–129.

[34] 黄灿．政治关联能改善民营企业的生产绩效吗？——基于全国民营企业抽样数据的再研究 [J]. 财经问题研究，2013(12)：102–109.

[35] 黄攸立，陈如琳．企业创新绩效影响因素的研究综述 [J]. 北京邮电大学学报（社会科学版），2010（4）：71–77.

[36] 江积海，沈艳．制造服务化中价值主张创新会影响企业绩效吗？——基于创业板上市公司的实证研究 [J]. 科学学研究，2016（7）：1103–1110.

[37] 姜鹏，苏秦．质量管理—企业绩效关系模型研究述评与展望 [J]. 外国经济与管理，2013，35（1）：47–54.

[38] 姜铸，李宁．服务创新、制造业服务化对企业绩效的影响 [J]. 科研管理，2015（5）：29–37.

[39] 蒋美仙，林李安，张烨．精益生产在中国企业的应用分析 [J]. 统计与决策，2005（12）：144–146.

[40] 姜云卢，邓罡，文诗涵，等．高维稳健典型相关分析研究与应用 [J]. 系统科学与数学，2021，41（10）：2965–2976.

[41] 焦宏刚，滕洪军．浅谈精益生产在服装流水线中的应用 [J]. 辽宁丝绸，2017（4）：30+33.

[42] 莱克．丰田汽车案例：精益制造的 14 项管理原则 [M]. 李芳龄，译．北京：中国财政经济出版社，2004.

[43] 解学梅，方良秀．国外协同创新研究述评与展望 [J]. 研究与发展管理，2015（4）：16–24.

[44] 莱克，豪瑟斯．丰田文化：复制丰田 DNA 的核心关键 [M]. 王世权，等译．北京：机械工业出版社，2009.

［45］乐萱瑶 . 基于空间约束的因子分析方法改进及应用 [D]. 北京：中国地质大学，2021.

［46］李奔波，蒋勇，亚伯拉罕 . 后工业化时代质量管理实践与企业绩效关系实证研究 [J]. 科技进步与对策，2014，31（4）：74–79.

［47］李飞，邵怀中，邹晓东，等 . 适用于发展中国家的创新范式：开放式颠覆创新理论框架 [J]. 科技进步与对策，2016（3）：1–6.

［48］李佳盈，彭群，李峰，等 . 精益生产在精冲车间的应用 [J]. 锻压技术，2020，45（4）：202–207.

［49］李军锋 . 质量管理与企业绩效：一个制造技术的视角 [D]. 重庆：重庆大学，2009.

［50］李鸣 . 质量管理实践、知识转移与企业创新绩效关系研究 [D]. 镇江：江苏大学，2019.

［51］李培楠，赵兰香，万劲波 . 创新要素对产业创新绩效的影响——基于中国制造业和高技术产业数据的实证分析 [J]. 科学学研究，2014（4）：604–612.

［52］李祺，王毅捷，山田基成 . 中国企业深入推行丰田生产方式的障碍分析 [J]. 技术经济与管理研究，2004（2）：50–51.

［53］李全喜，孙磐石，金凤花 . 质量管理与组织创新、组织绩效的关系——以我国制造类企业为例的实证研究 [J]. 科技进步与对策，2011，28（6）：88–93.

［54］李润茹 . 精益生产方式研究及生产方式的未来 [J]. 经济师，2005（11）：176–177.

［55］李稳稳 . 基于制度环境与内部控制研究社会责任对财务绩效的影响 [J]. 广西质量监督导报，2019（10）：172.

［56］李晓明，孙林岩，汪应洛，等 . 先进制造技术（AMT）应用

水平与制造业企业市场竞争力关系研究 [J]. 管理工程学报，2004（4）：55–59.

［57］李勇 . 生产型企业的成本精益化管理 [J]. 全国流通经济，2019（31）：55–56.

［58］李钊，苏秦，宋永涛 . 质量管理实践对企业绩效影响机制的实证研究 [J]. 科研管理，2008（1）：41–47.

［59］梁洪波，吴亚臣，王群 . 以精益理念促进烟叶生产提质增效 [J]. 现代农业，2017（12）：101–102.

［60］梁金忠 . 基于系统动力学的高新技术企业生产绩效仿真模型构建及实证检验 [D]. 长春：长春理工大学，2021.

［61］梁秋鸿 . 精益生产方式组织文化要素及其度量研究 [D]. 天津：南开大学，2010.

［62］刘刚，王丹，李佳 . 高管团队异质性、商业模式创新与企业绩效 [J]. 经济与管理研究，2017（4）：105–114.

［63］刘会敏 .X 制造公司精益生产下的成本优化研究 [D]. 石家庄：河北经贸大学，2020.

［64］刘杰 . 质量管理实践对制造绩效的影响——调节效应与中介效应分析 [J]. 现代经济探讨，2022（3）：103–114.

［65］刘群 . 基于精益生产的制造业企业管理创新模式研究 [J]. 企业改革与管理，2020（8）：34–35.

［66］刘天森，宋亚植，李银 . 精益生产视域下机械制造类企业碳资产价值重塑与减排收益研究 [J]. 工业技术经济，2022，41（4）：85–96.

［67］刘晓奇 . 精益生产对企业价值的影响 [D]. 天津：天津大学，2018.

［68］刘颖，吴甦，黄国梁，等 . 基于扎根理论的制造企业质量管理

关键要素研究 [J]. 工业工程与管理，2019，24（1）：182–188.

［69］隆梅尔，等 . 质量铄金：企业竞争致胜的武器 [M]. 刘伯根，等译 . 北京：中国大百科全书出版社，1998.

［70］龙昀光，潘杰义，冯泰文 . 精益生产与企业环境管理对制造业可持续发展绩效的影响研究 [J]. 软科学，2018，32（4）：68–71+76.

［71］楼润平，张昊，麦诗诗 . 制造业企业数字化投资与创新绩效：人力资本的中介作用 [J]. 海南大学学报（人文社会科学版），2022，40（6）：100–112.

［72］卢颖 . 供应链制造商营销策略选择对企业绩效的影响——社交关系与数字信息的中介作用 [J]. 商业经济研究，2021（11）：62–66.

［73］罗庆朗，蔡跃洲，沈梓鑫 . 创新认知、创新理论与创新能力测度 [J]. 技术经济，2020（2）：185–191.

［74］罗庆伟 .OEM 模式下品牌商质量管理与经营绩效的关系研究 [D]. 广州：华南理工大学，2020.

［75］骆郁廷，张文成 . 坚持以创新为核心推动现代化强国建设 [J]. 学校党建与思想教育，2022（9）：1–5.

［76］马欢欢 . 制造型企业精益成本管理探析 [J]. 企业改革与管理，2018（9）：128+131.

［77］马倩 . 装备制造业质量管理实践与质量绩效的关系研究 [D]. 天津：天津大学，2019.

［78］梅莉 . 供应链质量管理与企业绩效关系的实证研究 [D]. 西安：西安科技大学，2012.

［79］莫炜 . 以精益会计为出发点的成本管理探究 [J]. 现代商业，2015（3）：220–221.

［80］宁玉梅 . 我国企业精益生产管理体系的实践研究 [J]. 商场现代

化，2013（26）：53-54.

［81］牛占文，荆树伟．基于精益生产的制造业企业管理创新模式探讨 [J]. 天津大学学报（社会科学版），2014，16（6）：481-487.

［82］潘惠苹，任艳，徐春．基于核典型相关分析和支持向量机的图像识别技术 [J]. 南京理工大学学报，2022，46（3）：284-290.

［83］潘荣华，陈秀宏，曹翔．一种新的有监督的局部保持典型相关分析算法 [J]. 计算机工程与科学，2015，37（6）：1175-1182.

［84］潘玉香，齐二石，王子强，等．钢铁企业精益生产成本优化控制研究 [J]. 中国科技论坛，2015（1）：84-90.

［85］齐二石，陈果．商业模式创新理论分类与演化述评 [J]. 科技进步与对策，2016（6）：155-160.

［86］钱彬．环境动态性对于精益生产与企业绩效的调节作用研究 [D]. 南京：南京大学，2017.

［87］邱楚芝，赵锦瑜．中国企业创新为何重数量而轻质量——数量增长目标考核视角 [J]. 南方经济，2022（5）：101-119.

［88］石小亮，王铁龙，吕杰，译．森林生态系统服务信度分析与累积影响评价——以吉林省为例 [J]. 林业经济，2020，42（12）：59-69.

［89］宋永涛，苏秦，李钊．全面质量管理和企业绩效关系的系统动力学研究 [J]. 运筹与管理，2008，17（6）：150-156+169.

［90］宋永涛，苏秦．基于贝叶斯网络的质量管理实践对绩效的影响评价 [J]. 系统工程理论与实践，2011，31（8）：1440-1446.

［91］宋永涛，苏秦．质量管理实践、新产品开发能力与新产品开发绩效关系研究 [J]. 科技进步与对策，2016，33（9）：79-85.

［92］孙沛东．制造业企业质量文化、质量管理实践与创新绩效关系研究 [D]. 天津：天津商业大学，2019.

[93] 孙绍亭 . 精益生产管理在企业管理中的应用 [J]. 山东冶金，2003（3）：65–67.

[94] 孙卫，张文影，徐梓轩 . 质量管理实践对企业创新绩效的影响：资源基础理论的新解 [J]. 技术经济，2021，40（9）：65–77.

[95] 孙莹 . 基于价值系统视角的破坏性创新理论综述 [J]. 科技管理研究，2016（12）：24–29.

[96] 唐雨 . 基于贝叶斯网络的精益生产要素对企业绩效影响分析 [D]. 广州：华南理工大学，2018.

[97] 陶昌隆，张周岐，汪春艳，等 . 基于精益生产的制造业企业管理创新模式 [J]. 化工管理，2021（13）：5–6.

[98] 陶杏子 . 精益视角下 S 企业成本管理研究 [D]. 武汉：武汉工程大学，2020.

[99] 田登登，蒋黎晅，胡雅琴 . 基于 Fuzzy–AHP 的预制构件企业精益生产能力评价 [J]. 土木工程与管理学报，2019，36（5）：175–180.

[100] 万志芳，马晓琳 . 基于熵值法的木材工业技术创新能力动态评价 [J]. 统计与决策，2020，36（1）：72–76.

[101] 王春豪，张杰，马俊 . 精益库存管理对企业绩效的影响研究——来自中国制造业上市公司的实证检验 [J]. 管理评论，2017，29（5）：165–174.

[102] 王红卫 . 基于精益会计体系的企业成本管理探析 [J]. 中国乡镇企业会计，2019（8）：182–183.

[103] 王黎，蒋国璋，向锋 . 制造企业精益生产水平评价方法研究 [J]. 科技管理研究，2018，38（12）：114–118.

[104] 王孟成 . 潜变量建模与 Mplus 应用 [M]. 重庆：重庆大学出版社，2014.

［105］王倩．企业社会责任与企业财务绩效的关系研究 [D]. 杭州：浙江大学，2014.

［106］王睿．独角兽概念企业绩效评价体系研究 [D]. 上海：上海师范大学，2020.

［107］王淑华．汉字应用水平测试信度和效度研究——以上海市 2012 和 2015 年测试为例 [J]. 盐城工学院学报（社会科学版），2022，35（4）：71-76.

［108］王伟成．我国制造业质量管理实践与绩效关系研究 [D]. 天津：天津大学，2017.

［109］王文华，沈嘉敏．绿色并购对企业环境绩效的影响——绿色技术创新的中介作用 [J]. 企业经济，2022，41（9）：95-106.

［110］王铁男，徐云咪．管理创新能力调节下技术创新能力对企业绩效的影响 [J]. 技术经济，2012（10）：25-32.

［111］王焰迪．企业实施精益生产的绩效评价研究 [D]. 成都：西南石油大学，2017.

［112］王寅东．我国企业成本会计现状分析 [J]. 新理财，2003（4）：30-34.

［113］王玉龙，杜宝军．精益生产与质量管理 [J]. 河北北方学院学报（自然科学版），2005（4）：75-77.

［114］王占秋．企业品质管理研究的重要价值和意义 [J]. 现代企业，2019（6）：22-23.

［115］魏寅．基于精益会计体系的企业成本管理探析 [J]. 中国管理信息化，2019，22（14）：17-18.

［116］温忠麟，刘红云，侯杰泰．调节效应和中介效应分析 [M]. 北京：教育科学出版社，2012.

［117］温忠麟，叶宝娟．中介效应分析：方法和模型发展 [J]. 心理科学进展，2014，22（5）：731–745.

［118］吴金希．创新生态体系的内涵、特征及其政策含义 [J]. 科学学研究，2014（1）：44–51.

［119］武爱国．论基于精益生产降低企业生产成本的措施 [J]. 财经界，2016（12）：144.

［120］肖仁桥，沈佳佳，钱丽．数字化水平对企业新产品开发绩效的影响——双元创新能力的中介作用 [J]. 科技进步与对策，2021，38（24）：106–115.

［121］肖挺．“服务化”能否为中国制造业带来绩效红利 [J]. 财贸经济，2018（3）：138–152.

［122］肖阳，张晓飞．技术并购对制造业企业创新持续性影响：基于吸收能力和利用能力的中介作用 [J]. 技术经济，2021，40（11）：1–12.

［123］熊伟，奉小斌．基于企业特征变量的质量管理实践与绩效关系的实证研究 [J]. 浙江大学学报（人文社会科学版），2012，42（1）：188–200.

［124］许冠南，周源，吴晓波．构筑多层联动的新兴产业创新生态系统：理论框架与实证研究 [J]. 科学学与科学技术管理，2020（7）：98–115.

［125］徐国军，杨建君，张峰．分布式创新理论研究述评 [J]. 外国经济与管理，2016（5）：32–43.

［126］许欢，苏树智，颜文婧，等．面向图像识别的测地局部典型相关分析方法 [J]. 电子与信息学报，2020，42（11）：2813–2818.

［127］薛伟，蔡超．基于多层次因子分析法的我国高质量发展综合评价 [J]. 统计与决策，2022，38（18）：22–25.

[128] 严福荣 . 精益生产与企业绩效 [J]. 合作经济与科技，2017（13）：118–119.

[129] 杨林，柳洲 . 国内协同创新研究述评 [J]. 科学学与科学技术管理，2015（4）：50–54.

[130] 杨晓岗 . 钢铁企业精益生产成本优化控制研究 [J]. 管理观察，2018（1）：37–38.

[131] 杨晓曦 . 质量管理实践对制造企业服务化绩效的影响机制研究 [D]. 天津：天津大学，2019.

[132] 杨雪娟，原珂 . 战略性新兴产业质量管理实践对创新绩效的分维度影响——源自广东企业 2014—2018 年的抽样调查 [J]. 国际商务（对外经济贸易大学学报），2022（4）：139–156.

[133] 阳义南 . 结构方程模型及 STATA 应用 [M]. 北京：北京大学出版社，2021.

[134] 叶文进 . 如何加强企业成本管理与控制的分析 [J]. 纳税，2019，13（11）：278.

[135] 易丹辉，李静萍 . 结构方程模型及其应用 [M]. 北京：北京大学出版社，2019.

[136] 易岚，陶建平，谭偲凤 . 供应链关系质量、质量管理实践与质量绩效——基于 448 份湖北企业调查数据 [J]. 经济管理，2017，39（10）：110–127.

[137] 郁玉兵，熊伟，代吉林 . 供应链质量管理与绩效关系研究述评及展望 [J]. 软科学，2014，28（8）：141–144.

[138] 袁平 . 互动导向、市场环境、战略类型与企业绩效之关系研究 [D]. 长春：吉林大学，2010.

[139] 远藤功 . 现场力 [M]. 林琳，译 . 北京：中信出版社，2007.

［140］曾珍，王宗军．政府质量奖对质量管理实践与企业绩效关系的调节效应——基于新制度主义理论 [J]. 管理评论，2017，29（10）：180-197.

［141］沃麦克，琼斯，鲁斯，等．改变世界的机器：精益生产之道 [M]. 北京：机械工业出版社，2015.

［142］张诚，马振波，程永权．实施精益生产管理，提高三峡电厂的运行管理水平 [J]. 水力发电，2007（12）：57-59.

［143］张凤梅．精益成本管理下机场成本控制研究 [J]. 商讯，2019（29）：176+178.

［144］张海振．质量管理实践对员工工作绩效的影响 [D]. 开封：河南大学，2019.

［145］张洪亮，刘亮，牛占文．精益生产实施水平的预测 [J]. 统计与决策，2010（16）：175-177.

［146］张虎，田茂峰．信度分析在调查问卷设计中的应用 [J]. 统计与决策，2007（21）：25-27.

［147］张军成，李威浩．"一带一路"背景下新时代科技创新理论及实践路径探究 [J]. 科技进步与对策，2020（8）：27-33.

［148］张明超，孙新波，王永霞．数据赋能驱动精益生产创新内在机理的案例研究 [J]. 南开管理评论，2021，24（3）：102-116.

［149］张明娟，姚璐，王敏，等．财务视角下精益生产对家电行业的绩效影响——基于双重差分模型的实证研究 [J]. 中国商论，2018（24）：119-122.

［150］张清云．中国新能源汽车供应链质量管理对企业绩效的影响研究 [D]. 沈阳：辽宁大学，2020.

［151］张申生．我国研究先进制造技术应重视的几个问题——从美国

的敏捷制造研究计划说起 [J]. 中国机械工程，1995（4）：4-6+77.

［152］张文彤，董伟 .SPSS 统计分析高级教程 [M]. 北京：高等教育出版社，2013.

［153］张振刚，张君秋，陈一华 . 资源协奏视角下大数据赋能精益生产的机理研究 [J]. 管理案例研究与评论，2022，15（1）：85-98.

［154］赵泉午，廖勇海，黄亚峰 . 制造企业库存管理与企业绩效的实证研究——基于沪深制造类上市公司 1997—2010 年的面板数据 [J]. 数理统计与管理，2012，31（2）：207-216.

［155］赵炎，孟庆时 . 创新网络中基于结派行为的企业创新能力评价 [J]. 科研管理，2014（7）：35-43.

［156］周锋，顾晓敏，韩慧媛，等 . 质量管理实践、吸收能力与创新绩效——基于船舶企业智能制造视角 [J]. 科技进步与对策，2021，38（7）：67-75.

［157］周武静 . 精益生产、运营绩效与财务绩效之间的关系研究 [J]. 软科学，2011，25（12）：115-117.

［158］周雄勇，许志端 . 食品质量管理实践、供应链可追溯与企业可持续绩效——基于全国四省食品企业的问卷调查 [J]. 宏观质量研究，2022，10（4）：35-49.

［159］朱方，毛加昌，诸昆武，等 . 烟草企业精益成本管理研究 [J]. 商场现代化，2018（2）：84-86.

［160］朱永兵 . 精益生产在 T 公司的应用研究 [D]. 镇江：江苏大学，2020.

［161］朱媛媛 . 供应链质量管理与企业绩效之间的关系研究 [D]. 杭州：浙江工商大学，2012.

［162］邹建辉，陈德智 . 动态能力与企业绩效关系的元分析研究 [J].

管理现代化，2020（4）：66-69.

[163] 庄芹芹，林瑞星，罗伟杰 . 宽容失败与企业创新——来自国有企业改革的证据 [J]. 经济管理，2022，44（4）：23-44.

[164] Adam Jr.，Everett E.Alternative quality improvement practices and organization performance[J].Journal of Operations management，1994，12（1）：27-44.

[165] Agus，Arawati，Sagir.The structural relationships between total quality management，competitive advantage and bottom line financial performance：An empirical study of Malaysian manufacturing companies[J]. Total Quality Management，2001，12（7）：1018-1024.

[166] Ahire S L，Dreyfus P.The impact of design management and process management on quality：An empirical investigation[J].Journal of operations management，2000，18（5）：549-575.

[167] Al-Ettayyem R，Zu' bi M F.Investigating the effect of total quality management practices on organizational performance in the Jordanian banking sector[J].International Business Research，2015，8（3）：79.

[168] Al-Khateeb F B.Quantitative modeling and information system support for just-in-time partnership[D].Baton Rouge：Louisiana State University and Agricultural & Mechanical College，1999.

[169] Anderson J C，Rungtusanatham M J，Schroeder R G.A theory of quality management underlying the Deming management method[J].Academy of management Review，1994，19（3）：472-509.

[170] Chunguang Bai，Satir A，Sarkis J.Investing in lean manufacturing practices：An environmental and operational perspective[J]. International Journal of Production Research，2019，57（4）：1037-1051.

[171] Balakrishnan R, Linsmeier T J, Venkatachalam M.Financial benefits from JIT adoption: Effects of customer concentration and cost structure[J]. Accounting Review, 1996: 183-205.

[172] Barad M, Sapir D E. Flexibility in logistic systems——Modeling and performance evaluation[J].International Journal of Production Economics, 2003, 85 (2): 155-170.

[173] Baron R M, David A K.The moderator-mediator variable distinction in social psychological research: Conceptual, strategic, and statistical considerations[J].Journal of personality and social psychology, 1986, 51 (6): 1173.

[174] Bayou M E, Korvin A D.Measuring the leanness of manufacturing systems——A case study of Ford Motor Company and General Motors[J]. Journal of Engineering and Technology Management, 2008, 25 (4): 287-304.

[175] Beaumont L R, Nicholas B, Schroder R M.Technology, manufacturing performance and business performance amongst Australian manufacturers[J].Technovation, 1997, 17 (6): 297-307.

[176] Benghozi P J.Managing innovation: From ad hoc to routine in French Telecom[J].Organization Studies, 1990, 11 (4): 531-554.

[177] Bowen D E, Lawler Ⅲ E E.Total quality-oriented human resources management[J]. Organizational Dynamics, 1992, 20 (4): 29-41.

[178] Boyer K K, Pagell M.Measurement issues in empirical research: Improving measures of operations strategy and advanced manufacturing technology[J].Journal of Operations Management, 2000, 18 (3): 361-374.

[179] Bums T, Stalker G M.The management of innovation[M]. London:

Tavistock，1961.

[180] Burgess T F，Gules H K.Buyer - supplier relationships in firms adopting advanced manufacturing technology：An empirical analysis of the implementation of hard and soft technologies[J].Journal of Engineering and Technology Management，1998（15）：127–152.

[181] Chakravarthy B S.Measuring strategic performance[J].Strategic Management Journal，1986，7（5）：437–458.

[182] Chapman S N，Carter P L.Supplier/customer inventory relationships under just in time[J].Decision Sciences，1990，21（1）：35–51.

[183] Jin Chen，Xiaoting Zhao，Yuandi Wang. A new measurement of intellectual capital and its impact on innovation performance in an open innovation paradigm[J].International Journal of Technology Management，2015（1）：1–25.

[184] Chesbrough H，Brunswicker S.A fad or a phenomenon：The adoption of open innovation practices in large firms[J].Research–Technology Management，2014（2）：16–25.

[185] Choo A S，Linderman K W，Schroeder R G.Method and context perspectives on learning and knowledge creation in quality management[J].Journal of Operations Management，2007，25（4）：918–931.

[186] Conti R，Angelis J，Cooper C，et al.The effects of lean production on worker job stress[J].International Journal of Operations & Production Management，2006，26（9）：1013–1038.

[187] Covin J G，Slevin D P.A conceptual model of entrepreneurship as firm behavior[J].Social Science Electronic Publishing，1991（1）：7–25.

[188] Cua K O, McKone K E, Schroeder R G.Relationships between implementation of TQM, JIT, and TPM and manufacturing performance[J]. Journal of Operations Management, 2001, 19 (6): 675–694.

[189] Curkovic S, Vickery S, Droge C.Quality–related action programs: Their impact on quality performance and firm performance[J]. Decision Sciences, 2000, 31 (4): 885–902.

[190] Daft R L.A dual–core model of organizational innovation[J].The Academy of Management Journal, 1978 (2): 193–210.

[191] Damanpour, Fariborz.Footnotes to research on management innovation[J].Organization Studies, 2014 (9): 1265–1285.

[192] De Cerio J.Merino–d í az.Quality management practices and operational performance: Empirical evidence for Spanish industry[J]. International Journal of Production Research, 2003, 41 (12): 2763–2786.

[193] Dean Jr. J W, Bowen D E.Management theory and total quality: Improving research and practice through theory development[J].Academy of Management Review, 1994, 19 (3): 392–418.

[194] Dean Jr. J W, Snell S A.The strategic use of integrated manufacturing: An empirical examination[J].Strategic Management Journal, 1996, 17 (6): 459–480.

[195] Demeter K, Matyusz Z.The impact of lean practices on inventory turnover[J].International Journal of Production Economics, 2011, 133 (1): 154–163.

[196] Deming W E.Out of the crisis[M].Cambridge: The MIT Press, 2018.

[197] Douglas D, Samson D, Ford S.Exploding the myth: Do all

quality management practices contribute to superior quality performance? [J]. Production and Operations Management, 1999, 8 (1) 1–27.

[198] Duarte S, Cruz–Machado V.Exploring linkages between lean and green supply chain and the industry 4.0[C]//International conference on management science and engineering management.New Delh: Springer, 2017.

[199] Ebrahimi M, Sadeghi M.Quality management and performance: An annotated review[J].International Journal of Production Research, 2013, 51 (18): 5625–5643.

[200] Edwards J R, Lambert L S.Methods for integrating moderation and mediation: A general analytical framework using moderated path analysis[J].Psychological Methods, 2007, 12 (1): 1.

[201] Elkington J.Towards the sustainable corporation: Win–win–win business strategies for sustainable development[J].California Management Review, 1994, 36 (2): 90–100.

[202] Eroglu C, Hofer C.Lean, leaner, too lean? The inventory–performance link revisited[J].Journal of Operations Management,2011, 29 (4): 356–369.

[203] Euchner J, Abhijit G.Business model innovation in practice[J]. Research Technology Management, 2014 (6): 33–39.

[204] Feigenbaum A V.Changing concepts and management of quality worldwide[J].Quality progress, 1997, 30 (12): 45.

[205] Flynn B B, Schroeder R G, Sakakibara S.A framework for quality management research and an associated measurement instrument[J]. Journal of Operations management, 1994, 11 (4): 339–366.

［206］Flynn B B，Schroeder R G，Sakakibara S.The impact of quality management practices on performance and competitive advantage[J].Decision Sciences，1995，26（5）：659–691.

［207］Flynn B B，Schroeder R G，Sakakibara S.The impact of quality management practices on performance and competitive advantage[J].Decision sciences，1995，26（5）：659–691.

［208］Fullerton R R，McWatters C S.The production performance benefits from JIT implementation[J].Journal of Operations Management，2001，19（1）：81–96.

［209］Garcia–Macia D，Chang–Tai H，Peter J K.How destructive is innovation?［J].Econometrica，2019（5）：1507–1541.

［210］Garvin D.Competing on the eight dimensions of quality[J].Harv. Bus.Rev.，1987：101–109.

［211］Gaynor G H.Innovation by design：what it takes to keep your company on the cutting edge[M]. New York：Amacom，2002.

［212］Granlund M，Teemu M.Moderate impact of ERPS on management accounting：A lag or permanent outcome?［J].Management Accounting Research，2002，13（3）：299–321.

［213］Murphy G B，Trailer J W，Hill R C.Measuring performance in entrepreneurship research[J].Journal of Business Research，1996（1）：15–23.

［214］Hao–nan WANG，Qi–qi HE，Zheng ZHANG，et al. 工业 4.0 时代精益生产的自动化价值流分析框架（英文）[J].Journal of Zhejiang University–Science A（Applied Physics & Engineering），2021，22（5）：382–395.

[215] Hayes A F.Beyond Baron and Kenny: Statistical mediation analysis in the new millennium[J].Communication Monographs, 2009, 76 (4): 408–420.

[216] Hewitt D N, Stephen R.Exploring market failures in open innovation[J].International Small Business Journal, 2018 (1): 23–40.

[217] Ho D C K, Duffy V G, Shih H M.Total quality management: An empirical test for mediation effect[J].International Journal of Production Research, 2001, 39 (3): 529–548.

[218] Hult G T M, Hurley R F, Knight G A.Innovativeness: Its antecedents and impact on business performance[J].Industrial Marketing Management, 2004 (5): 429–438.

[219] Hung, Richard Yu Yuan, et al.Impact of TQM and organizational learning on innovation performance in the high-tech industry[J]. International Business Review, 2011, 20 (2): 213–225.

[220] Juran J M.Juran on quality by design: The new steps for planning quality into goods and services[M].New York: Simon and Schuster, 1992.

[221] Kalay F L, Gary Y N N.The impact of strategic innovation management practices on firm innovation performance[J].Research Journal of Business and Management, 2015 (3): 412–429.

[222] Kanapathy K, Bin C S, Zailani S, et al.The impact of soft TQM and hard TQM on innovation performance: the moderating effect of organisational culture[J]. International Journal of Productivity and Quality Management, 2017, 20 (4): 429–461.

[223] Kannan V R, et al.Tools and techniques of quality management: An empirical investigation of their impact on performance[J].Quality

Management Journal, 1999, 6 (3): 34–49.

[224] Kaynak H, Hartley J L.Exploring quality management practices and high tech firm performance[J].The Journal of High Technology Management Research, 2005, 16 (2): 255–272.

[225] Khan A A, et al.A compendium of optimization objectives, constraints, tools and algorithms for energy management in microgrids[J]. Renewable and Sustainable Energy Reviews, 2016 (58): 1664–1683.

[226] Kim Dong–Young, Kumar V, Kumar U.Relationship between quality management practices and innovation[J].Journal of Operations Management, 2012, 30 (4): 295–315.

[227] King A A, Lenox M J.Lean and green? An empirical examination of the relationship between lean production and environmental performance[J]. Production and Operations Management, 2001, 10 (3): 244–256.

[228] Koole S E.Removing borders: The influence of the Toyota Production System on an American office furniture manufacturer[D]. Grand Rapids: Grand Valley State University, 2005.

[229] Lakhal L, Pasin F, Limam M.Quality management practices and their impact on performance[J].International Journal of Quality & Reliability Management, 2006, 23 (6): 625–646.

[230] Lander E, Liker J K.The Toyota Production System and art: Making highly customized and creative products the Toyota way[J]. International Journal of Production Research, 2007, 45 (16): 3681–3698.

[231] Lee Voon–Hsien, et al.A structural analysis of the relationship between TQM practices and product innovation[J].Asian Journal of Technology Innovation, 2010, 18 (1): 73–96.

[232] Lemak, D J, Reed R, Satish P K.Commitment to total quality management: Is there a relationship with firm performance? [J].Journal of Quality Management, 1997, 2(1): 67–86.

[233] Long C S, Abdul Aziz M H, Kowang T O, et al.Impact of TQM practices on innovation performance among manufacturing companies in Malaysia[J].South African Journal of Industrial Engineering, 2015, 26(1): 75–85.

[234] Luk Chung-Leung, et al.The effects of social capital and organizational innovativeness in different institutional contexts[J].Journal of International Business Studies, 2008(4): 589–612.

[235] Lundvall Bengt-Åke.Innovation as an interactive process: From user-producer interaction to the national systems of innovation[J].The Learning Economy and the Economics of Hope, 2016(6): 61–84.

[236] MacPherson A.The role of producer service outsourcing in the innovation performance of New York State manufacturing firms[J].Annals of The Association of American Geographers, 2015(1): 52–71.

[237] Maiga A S, Jacobs F A. Antecedents and consequences of quality performance[J]. Behavioral Research in Accounting, 2005, 17(1): 111–131.

[238] Martinez-Costa M, Martinez-Lorente A R.Does quality management foster or hinder innovation? An empirical study of Spanish companies[J].Total Quality Management, 2008, 19(3): 209–221.

[239] Martinez-Lorente A R, Dewhurst F W, Gallego-Rodriguez A.Relating TQM, marketing and business performance: An exploratory study[J].International Journal of Production Research, 2000, 38(14): 3227–3246.

[240] Monroy, Carlos Rodriguez, Azadeh Nasiri, et al.Activity based costing, time-driven activity based costing and lean accounting: Differences among three accounting systems' approach to manufacturing[C].//Annals of Industrial Engineering 2012. London: Springer, 2014.

[241] Nair A.Meta-analysis of the relationship between quality management practices and firm performance—implications for quality management theory development[J].Journal of Operations Management, 2006, 24 (6): 948-975.

[242] Nurcahyo R, Habiburrahman M.Relationship between ISO 9001: 2015 and operational and business performance of manufacturing industries in a developing country (Indonesia) [J].Heliyon, 2021, 7 (1): e05537.

[243] O'Dell G A.Eco-efficiency and lean production: Environmental performance of Japanese transplants in the United States[D]. Lexington: University of Kentucky, 2003.

[244] Pavnaskar S J, Gershenson J K, Jambekar A B.Classification scheme for lean manufacturing tools[J].International Journal of Production Research, 2003, 41 (13): 3075-3090.

[245] Powell T C.Total quality management as competitive advantage: A review and empirical study[J].Strategic Management Journal, 1995, 16 (1): 15-37.

[246] Prajogo D I, Sohal A S.TQM and innovation: a literature review and research framework[J].Technovation, 2001, 21 (9): 539-558.

[247] Rahman S, Bullock P.Soft TQM, hard TQM, and organisational performance relationships: An empirical investigation[J].Omega, 2005, 33 (1): 73-83.

[248] Ramesh V, Rambabu K.A decision framework for maximising lean manufacturing performance[J].International Journal of Production Research, 2012, 50 (8): 2234–2251.

[249] Reinhardt R, Gurtner S.Differences between early adopters of disruptive and sustaining innovations[J].Journal of Business Research, 2015 (1): 137–145.

[250] Roberts P W, Amit R.The dynamics of innovative activity and competitive advantage: The case of Australian retail banking, 1981 to 1995[J].Organization Science, 2003 (2): 107–122.

[251] Roberts P W.Product innovation, product–market competition and persistent profitability in the US pharmaceutical industry[J].Strategic Management Journal, 1999 (7): 655–670.

[252] Ruan Y, Hang C C, Wang Y M.Government' s role in disruptive innovation and industry emergence: The case of the electric bike in China[J].Technovation, 2014 (12): 785–796.

[253] Ruekert R W, Walker O C, Roering K J.The organization of marketing activities: A contingency theory of structure and performance[J]. Journal of Marketing, 1985 (1): 13–25.

[254] Samson D, Terziovski M.The relationship between total quality management practices and operational performance[J].Journal of Operations Management, 1999, 17 (4): 393–409.

[255] Saraph J V, Benson P G, Schroeder R G.An instrument for measuring the critical factors of quality management[J].Decision Sciences, 1989, 20 (4): 810–829.

[256] Schut M, et al.Innovation platforms: Experiences with

their institutional embedding in agricultural research for development[J]. Experimental Agriculture, 2016 (4): 537-561.

[257] Shah R, Ward P T.Defining and developing measures of lean production[J]. Journal of Operations Management, 2007, 25 (4): 785-805.

[258] Shah R, Ward P T.Lean manufacturing: Context, practice bundles, and performance[J].Journal of Operations Management, 2003, 21 (2): 129-149.

[259] Sila I.Examining the effects of contextual factors on TQM and performance through the lens of organizational theories: An empirical study[J].Journal of Operations Management, 2007, 25 (1): 83-109.

[260] Slater S F, Mohr J J, Sengupta S.Radical product innovation capability: Literature review, synthesis, and illustrative research propositions[J].Journal of Product Innovation Management, 2014 (3): 552-566.

[261] Sousa R, Voss C A.Quality management re-visited: A reflective review and agenda for future research[J].Journal of Operations Management, 2002, 20 (1): 91-109.

[262] Spencer, S J, Zanna M P, Fong G T.Establishing a causal chain: Why experiments are often more effective than mediational analyses in examining psychological processes[J].Journal of Personality and Social Psychology, 2005, 89 (6): 845.

[263] Steers R M.Problems in the measurement of organizational effectiveness[J].Administrative Science Quarterly, 1975 (4): 546-558.

[264] Swamidass P M.The effect of TPS on US manufacturing during 1981—1998: Inventory increased or decreased as a function of plant

performance[J].International Journal of Production Research，2007，45（16）：3763–3778.

［265］Swamidass P M，Kotha S.Explaining manufacturing technology use，firm size and performance using a multidimensional view of technology[J].Journal of Operations Management，1998，17（1）：23–37.

［266］Tracey M，Vonderembse M A，Lim J S.Manufacturing technology and strategy formulation：Keys to enhancing competitiveness and improving performance[J]. Journal of Operations Management，1999，17（4）：411–428.

［267］Ubaydullaev Sherzod. 游客不文明行为对自身内疚情绪和行为修正的影响研究 [D]. 金华：浙江师范大学，2020.

［268］Venkatraman V，Ramanujam N，et al.Measurement of business performance in strategy research：A comparison of approaches[J].Academy of Management Review，1986（4）：801–814.

［269］Vilkas M，et al. Adoption of lean production：Preliminary evidence from Lithuania[J].Procedia–Social and Behavioral Sciences，2015（213）：884–889.

［270］Tobias W，Herrmann C，Thiede S.Industry 4.0 impacts on lean production systems[J].Procedia Cirp，2017（63）：125–131.

［271］Womack J P，Jones D T.Lean thinking—banish waste and create wealth in your corporation[J].Journal of the Operational Research Society，1997，48（11）：1148–1148.

［272］Yeung A C L，Chan L Y，Lee T S.An empirical taxonomy for quality management systems：A study of the Hong Kong electronics industry[J].Journal of Operations Management，2003，21（1）：45–62.

[273] Zairi M.Competitive manufacturing: Combining total quality with advanced technology[J].Long Range Planning, 1993, 26 (3): 123-132.

[274] Zakuan N M, Yusof S M, Shaharoun A M.The link between total quality management and organizational performance in Malaysian Automotive Industry: The mediating role of ISO/TS16949 efforts[C]//2009 IEEE International Conference on Industrial Engineering and Engineering Management.IEEE, 2009: 439-443.

[275] Zehir C, et al.Total quality management practices'effects on quality performance and innovative performance[J].Procedia-Social and Behavioral Sciences, 2012 (41): 273-280.

[276] Zeng J, Phan C A, Matsui Y.The impact of hard and soft quality management on quality and innovation performance: An empirical study[J]. International Journal of Production Economics, 2015 (162): 216-226.

[277] Xinshu Zhao, Lynch Jr. J G, Qimei Chen.Reconsidering Baron and Kenny: Myths and truths about mediation analysis[J].Journal of Consumer Research, 2010, 37 (2): 197-206.

[278] Zimmer L.Get lean to boost profits[J].Forming and fabricating, 2000, 7 (2): 36-44.

附　录

高科技制造公司生产绩效影响因素调研问卷

尊敬的先生 / 女士：

您好！感谢您参与我们的问卷调查。本问卷旨在研究高科技制造公司精益管理问题，调查问卷中的题项无对错之分，请您根据所在制造公司的实际情况填写调查问卷，如果您填写的调查问卷有缺失项或者有明显的错误，您的调查问卷将会被舍弃，因此请认真对待调查问卷的每一题项。我郑重承诺：本调查问卷结果仅供本书书稿使用，您所在的公司和您本人的一切信息将会严格保密。请您根据实际情况在相应题项的选择项上打“√”，如果您对调查问卷的题项不甚了解，或者您需要了解调查问卷的调查结论，请联系本人，谢谢支持！

一、个人背景情况

1. 在本公司工作时间：

□ 1 年以内 □ 1 ~ 3 年 □ 3 ~ 5 年 □ 5 年以上

2. 学历：

□初中及初中以下 □高中 □专科 □本科 □硕士及硕士以上

3. 职务：

□一般员工 □基层管理者 □中层管理者 □高层管理者

4. 部门：

□生产 □销售或者市场 □研发 □技术支持或者售后服务 □人力资源 □财务或会计 □其他（请注明）

二、高科技制造公司情况

1. 公司名称：____________________

2. 公司性质：

□国有公司 □民营公司 □中外合作 / 中外合资 / 外商独资

3. 公司成立年数：

□ 1 年以下 □ 1 ~ 3 年 □ 3 ~ 5 年 □ 5 ~ 10 年 □ 10 年以上

4. 公司经营规模在本行业中属于：

□偏大型 □大型 □中型 □偏小型 □小型

三、调查问卷表

请仔细阅读并判断以下有关精益生产、生产技术改进、质量管理与生产绩效的说法是否符合贵公司的实际情况。表中有 1 ~ 5 个层级供选择，其中 1= 不符合，2= 不太符合，3= 基本符合，4= 比较符合，5= 完全符合。请您根据实际情况在相应的信息上打“√”，每题只能选择一项。

1. 生产绩效相关问题测量

生产绩效分为 3 个维度：财务绩效、竞争绩效和客户满意，并在相关维度下设相关题项。

财务绩效 [矩阵量表题]

编号	问题	1	2	3	4	5
A1	近三年来公司的销售收入增长率高于行业水平					
A2	近三年来公司的利润率高于行业水平					
A3	近三年来公司的运营成本低于主要竞争对手					

竞争绩效 [矩阵量表题]

编号	问题	1	2	3	4	5
A4	近三年来产品质量高于其他竞争公司					
A5	近三年来公司生产的产品都非常可靠					
A6	近三年来公司生产的产品十分耐用					
A7	近三年来公司产品出产前产品损失率较低					
A8	近三年来公司的市场占有率比主要竞争对手高					
A9	近三年来公司产品市场份额保持稳定增长					
A10	近三年来公司总体保持竞争优势					
A11	近三年来公司的产品更加适应市场需求					

客户满意 [矩阵量表题]

编号	问题	1	2	3	4	5
A12	近三年来公司客户群一直比较稳定					
A13	近三年来公司通过客户可以产生新客户					
A14	近三年来公司的客户满意度水平很高					
A15	近三年来公司的客户忠诚度很高					

2. 精益生产相关问题测量

精益生产主要分为 3 个维度：公司文化、员工参与和生产环境，并在相关维度下设相关题项。

公司文化 [矩阵量表题]

题项	问题	1	2	3	4	5
B1	公司坚决实行精益生产方式					
B2	公司与员工之间充分信任					
B3	公司积极采纳员工提出的合理化建议					
B4	公司积极改进传统生产技术					
B5	公司将精益生产看作战略性工程					

员工参与 [矩阵量表题]

题项	问题	1	2	3	4	5
B6	公司将员工看作公司中最具价值的资源					
B7	公司存在不同类型的合作团队					
B8	公司鼓励员工提出合理化建议					
B9	公司为关键岗位员工制定职业规划					
B10	公司为员工提供健康安全的工作环境					
B11	公司对不同岗位员工提供相应的培训					

生产环境 [矩阵量表题]

题项	问题	1	2	3	4	5
B12	公司具备适应市场需求的能力					
B13	公司与客户之间具有有效沟通渠道					
B14	公司与供应商之间建立战略协作					
B15	公司生产不破坏生态环境					
B16	公司与社区共享自己的价值观					

3. 生产技术改进相关问题测量

生产技术改进分为 4 个维度：生产设计技术改进、生产现场技术改进、生产线技术改进和生产浪费识别技术改进，并在相关维度下设相关题项。

生产设计技术改进 [矩阵量表题]

编号	问题	1	2	3	4	5
C1	新厂房选择考虑物流成本及原材料的配送					
C2	设备布局应采用成组技术					
C3	产品设计采用并行工程					
C4	流程设计阶段应考虑单件流、U 形生产线					

生产现场技术改进 [矩阵量表题]

编号	问题	1	2	3	4	5
C5	标准作业规范完整、严格执行					
C6	5S 严格贯彻执行					
C7	颜色管理应用积极					
C8	安灯、布告板等目视技术应用充分					
C9	积极应用防错技术					
C10	全员参与设备维护					
C11	物料及时、按质配送					
C12	货物配送采用混装方式					
C13	车间配置高水平的工位器具，提高物料活性					

生产线技术改进 [矩阵量表题]

编号	问题	1	2	3	4	5
C14	订单拉动生产					
C15	产品按均衡化方式进行生产					
C16	应用快速换模技术使生产具有较强的柔性					
C17	应用计算机技术提高制造柔性					
C18	公司生产自动化程度较高					
C19	产品的批量应尽量缩小					
C20	在生产系统中应用了实时过程控制系统					
C21	制造系统中的信息处理能力在行业内处于领先水平					

生产浪费识别技术改进 [矩阵量表题]

编号	问题	1	2	3	4	5
C22	公司充分运用价值流分析技术					
C23	公司恰当运用人机操作分析					
C24	公司合理运用工序分析					
C25	公司运用计算机仿真技术分析流程中的浪费					

4. 质量管理相关问题测量

质量管理分为顶层设计、顾客导向、员工管理、供应商管理等 4 个基础维度，过程管理、信息分析和产品设计等 3 个核心维度，并在相关维度下设相关题项。

顶层设计 [矩阵量表题]

编号	问题	1	2	3	4	5
D1	公司管理层积极参与到质量改进活动中					
D2	公司管理层提供必要的资源以支持质量活动的开展					
D3	公司管理层承担相应的质量责任					
D4	公司管理层将质量改进作为提升生产绩效的主要手段					

顾客导向 [矩阵量表题]

编号	问题	1	2	3	4	5
D5	公司将客户需求融入产品开发过程					
D6	公司开展市场研究以调查客户的需求和期望					
D7	公司定期考察客户的满意度和忠诚度					
D8	公司制定了解决客户投诉和抱怨的有效流程					

员工管理 [矩阵量表题]

编号	问题	1	2	3	4	5
D9	公司经常对员工进行质量工具和质量方法在内的培训					
D10	公司鼓励员工完全参与到公司运营中					
D11	公司重视员工提出的质量和生产等方面的建议					
D12	公司员工对自身的工作负责，并进行自我监督与检查					

供应商管理 [矩阵量表题]

编号	问题	1	2	3	4	5
D13	公司与供应商保持长期合作关系					
D14	质量是公司选择供应商的重要标准					
D15	公司主要依靠固定的供应商供货					
D16	公司会对供应商提供技术支持					

过程管理 [矩阵量表题]

编号	问题	1	2	3	4	5
D17	公司具有标准化的流程和操作步骤来规范员工的工作					
D18	为保证和提高产品质量，公司的主要设备是先进的					
D19	公司经常对原料、制品、成品和流程等进行监测					

信息分析 [矩阵量表题]

编号	问题	1	2	3	4	5
D20	公司广泛应用统计知识来改进流程和减少过程偏差					
D21	公司建立有效的绩效度量系统来监测公司生产绩效					
D22	公司能够为相关人员及时提供信息					

产品设计 [矩阵量表题]

编号	问题	1	2	3	4	5
D23	公司管理层定期审查生产绩效，并将其作为决策的依据					
D24	公司经常与行业中的标杆公司进行对比分析					
D25	公司在产品开发时会充分考虑顾客需求与反馈信息					
D26	公司多个部门共同参与产品开发，相互协调					
D27	公司在产品设计时会充分考虑技术、成本等因素					
D28	产品要在生产和销售前反复实验，并进行全面审查					

本次问卷调查到此结束，再次感谢您的填写！